Siegfried Modenbach

Wer mit Segen sät, wird mit Segen ernten

Siegfried Modenbach

Wer mit Segen sät, wird mit Segen ernten

Segensfeiern für Liebende

BONIFATIUS

Bibliografische Information der Deutschen Nationalbibliothek
Die Deutsche Nationalbibliothek verzeichnet diese Publikation in der Deutschen Nationalbibliografie; detaillierte bibliografische Daten sind im Internet über http://dnb.ddb.de abrufbar.

FSC® www.fsc.org MIX Papier aus verantwortungsvollen Quellen FSC® C011558

Klimaneutral Druckprodukt ClimatePartner.com/53323-2001-1011

Der Titel zitiert 2 Kor 9,6
Covergestaltung: Melanie Schmidt, Bonifatius GmbH mit einer Illustration von Alexander Potapov – stock.adobe.com
Foto Seite 66: Claudia Auffenberg, alle anderen Fotos: Pixabay

ISBN 978-3-89710-847-9

Gesamtherstellung:
Bonifatius GmbH Druck · Buch · Verlag Paderborn

Inhalt

Aus demselben Mund kommen Segen und Fluch ... 7

Vorwort 9

Was Segen bedeutet 12
  Segen im Alten Testament 12
  Segen im Neuen Testament 16
  Segen sein – Segen zusprechen 19

Segnungen –
Wenn eine kirchliche Hochzeit nicht möglich ist ... 24
  Voraussetzungen und Disposition 24
  Homosexuelle Partnerschaften 27
  Wiederverheiratete Geschiedene 31

Segensfeiern für gleichgeschlechtliche Paare
Drei Modelle 37
  Es ist was es ist, sagt die Liebe 39
  Verbunden und frei 53
  Die Liebe – ein Geschenk 67

Segensfeiern für wiederverheiratete Geschiedene
Drei Modelle 79
  Zwei sind besser als einer allein 81
  Licht der Welt sein 91
  Sehnsucht, die Liebe heißt 105

Über die Verantwortung des Segnenden 118

Dank und Weiterführung 119

Aus demselben Mund kommen Segen und Fluch ...

2 Wir alle sind in vieler Hinsicht fehlerhafte Menschen.
Wer nie ein verkehrtes Wort redet, ist ein vollkommener Mensch;
er ist fähig, auch seinen ganzen Leib im Zaum zu halten.
3 Wir legen den Pferden das Zaumzeug ins Maul,
damit sie uns gehorchen;
so lenken wir das ganze Tier.
4 Oder denkt an ein Schiff:
Es ist groß und wird von starken Winden getrieben;
trotzdem wird es mit einem winzigen Ruder gesteuert,
wohin der Steuermann es haben will.
5 Ebenso ist es mit der Zunge:
Sie ist nur klein und bringt doch gewaltige Dinge fertig.
Denkt daran, wie klein die Flamme sein kann,
die einen großen Wald in Brand setzt!
6 Auch die Zunge ist ein Feuer.
Sie ist eine Welt voller Unrecht und beschmutzt den ganzen Menschen.
Sie setzt unser Leben von der Geburt bis zum Tod
in Brand mit einem Feuer,
das aus der Hölle selbst kommt.
7 Der Mensch hat es fertiggebracht, alle Tiere zu bändigen:
Raubtiere, Vögel, Schlangen und Fische.
8 Aber die Zunge hat noch niemand bändigen können,
diesen ruhelosen Störenfried, voll von tödlichem Gift.
9 Mit der Zunge loben wir Gott, unseren Herrn und Vater
– und mit ihr verfluchen wir unsere Mitmenschen,
die nach Gottes Bild geschaffen sind.
10 Aus demselben Mund kommen Segen und Fluch.
Meine Brüder und Schwestern, das darf nicht sein!
11 Eine Quelle lässt doch nicht aus der gleichen Öffnung
genießbares und ungenießbares Wasser fließen.
12 Auf einem Feigenbaum wachsen doch keine Oliven,
an einem Weinstock hängen keine Feigen,
und eine salzige Quelle kann niemals Süßwasser hervorbringen![1]

---

1 Jak 3, 2-12 aus: Gute Nachricht Bibel

Vorwort

In diesen nicht einfachen Zeiten werden wir immer wieder damit konfrontiert, dass der mächtigste Mann der westlichen Welt, Präsident Donald Trump, über Twitter kurze Nachrichten absetzt, die einen fassungslos machen. Häufig gibt er ziemlich verschrobene Meinungen und Ansichten zum Besten, über die man im 21. Jahrhundert nur staunen kann. Mitunter sind es auch diskriminierende Äußerungen, die er völlig unverblümt, oft unüberlegt und manchmal auch ganz gezielt in die Welt setzt. Diese kurzen Texte hinterlassen allerdings ihre Wirkung: Konzernchefs knicken vor ihm ein, Staatsanwälte und Richter lassen sich verunsichern und Oppositionspolitker fühlen sich zu Recht beleidigt und bloßgestellt. Und weltweit nehmen das Regierungen und Politker erfreut oder entsetzt zur Kenntnis. Freunde und Feinde des amerikanischen Präsidenten nehmen das mit Applaus oder mit Kopfschütteln und Unverständnis wahr. Viele fragen sich: Wie soll das weitergehen und wann ist die Schmerzgrenze erreicht?

Mich erinnert das stark an Vers 5 des Bibeltextes aus dem 3. Kapitel des neutestamentlichen Jakobusbriefes: „Ebenso ist es mit der Zunge: Sie ist nur klein und bringt doch gewaltige Dinge fertig." Man könnte – auf heute übertragen – sagen: Auch wenn es nur wenige Worte sind, die da über Twitter in die Welt hinausposaunt werden – sie können großen Schaden anrichten. Hinzu kommen die vielen „fake news" – also gezielte Falschnachrichten, die gestreut werden, um anderen Schaden zuzufügen. Auch hier bleiben unterm Strich Unsicherheit und Verwirrung übrig. Wir leben in einer Zeit, in der die Macht scharf oder bewusst falsch gesetzter Worte in nie dagewesener Weise zutage tritt.

Der Apostel Jakobus kennt dieses Phänomen aus der eigenen Praxis. Er weiß sehr genau, was das gesagte (oder geschriebene) Wort bewirken kann. Das gesprochene Wort – und mehr noch das geschriebene Wort – hat eine große Macht. Beispiele aus dem Alltag machen deutlich, dass kleine Ursachen große Wirkungen haben können (Verse 3 bis 6): Mit Worten kann ich andere angreifen oder verteidigen; ich kann Schmerzen zufügen und Wunden schlagen. Worte können aber auch Balsam für die Seele sein. Die Weisheitsliteratur des Alten Testaments kennt ebenfalls viele Beispiele für das, was die Zunge bewirken kann. Sie kann zum Segen oder zum Fluch gereichen. Das, was Jakobus in seinem Brief an die Menschen seiner Zeit beschreibt, hat nichts an Aktualität verloren.

Deswegen sollten wir einen Fehler nicht machen: wir dürfen nicht so tun, als ob uns das alles nichts anginge. Wenn wir an Menschen denken, die anders leben als wir selbst, die nicht so sind wie wir, die anders denken, anders handeln, andere Lebensentwürfe haben als wir, dann sind auch wir schnell dabei, die Nase zu rümpfen oder zu urteilen. Wie denken und reden wir über Menschen, die anders empfinden als wir selbst oder deren Lebensentscheidungen in eine Richtung gehen, die wir selbst nicht nachvollziehen können oder wollen?

Wenn ich mit diesem Buch deutlich dafür plädiere, dass die Kirche – und die Kirche sind wir alle – homosexuellen Mitmenschen oder wiederverheirateten Geschiedenen den Segen Gottes, den sie sich wünschen und erhoffen, nicht einfach verweigern darf, dann fallen mir gleichzeitig unzählige Situationen ein, wo wir diese Menschen immer noch nicht ernst nehmen, wo wir sie ausschließen, wo wir uns ihren berechtigten Anliegen verweigern – und wo wir sie zusätzlich beleidigen, vor den Kopf stoßen und diskriminieren. Und das alles, weil wir nicht wahrhaben wollen, dass es hier um Menschen geht, die sich lieben, die schon längst Verantwortung füreinander übernommen haben oder übernehmen wollen und die vor allem vor Gott ein Ansehen haben. Da, wo wir Menschen den Segen verweigern, weil ihre Art zu leben und zu lieben, nicht unsere Art ist, werden wir den Menschen nicht gerecht – und wir setzen uns an Gottes Stelle.

Letztlich geht es hier um die Folgen unseres Denkens, Redens und Handelns für uns und unsere Mitmenschen. Der rechte oder ungerechte Gebrauch der Zunge – dessen sollten wir uns als Seelsorger*innen immer bewusst sein – kann über Wohl und Wehe des anderen und unser eigenes entscheiden. An die Stelle der Zunge tritt oft auch das geschriebene Wort – und da müssen wir uns als Theologen und kirchliche Entscheidungsträger immer wieder vor Augen halten: Es geht weder um uns selbst, noch geht es um die Kirche. Uns muss es einzig und allein um das Heil der Menschen gehen. Im Hirtenwort zur Fastenzeit 2020 schreibt Erzbischof Hans-Josef Becker aus Paderborn so treffend: „... die Kirche ist nicht das Ziel. Sie ist nicht Gott. Im Vertrauen auf das Versprechen Jesu 'Ich bin bei euch alle Tage bis zum Ende der Welt' (Mt 28,20) ist die Kirche in Gottes Treue gehalten. Sie ist das Sakrament der Treue Gottes."[2] Es muss der Kirche also zuallererst um den Dienst an den Menschen gehen.

---

2 Hrsg. Erzbistum Paderborn, „Ihr gehört Christus", Brief des Erzbischofs zur Fastenzeit 2020, S. 4

Das beste Beispiel für den rechten Gebrauch der Zunge ist Jesus Christus selbst. Seine Worte waren wie Balsam auf die Wunden derer, die bei ihm Heil und Orientierung suchten. Wenn er einem suchenden Menschen die Vergebung und das Heil zusprach, war das Ergebnis Freude und Frieden. Jesus hat niemanden abgewiesen, der sich von ihm Heil und Segen erhoffte.

Letztlich bringen es im 3. Kapitel des Jakobusbriefes die Verse 9 und 10 auf den Punkt: „Mit der Zunge loben wir Gott, unseren Herrn und Vater – und mit ihr verfluchen wir unsere Mitmenschen, die nach Gottes Bild geschaffen sind. Aus demselben Mund kommen Segen und Fluch. Meine Brüder und Schwestern, das darf nicht sein!"

Ja, wir sind dazu da, Menschen zu segnen, die sich Segen für sich selbst, für ihre Liebe, für ihre Partnerschaft und ihr Leben erhoffen. Wir brauchen deshalb ein neues Herz. Ein Herz, das auf Gottes Stimme hört und vom Heiligen Geist erneuert ist. Wir brauchen ein waches Gewissen, das uns mahnt und uns zeigt, wo und wie wir mit unserem Denken und Handeln ein Werkzeug des Guten sein können. Und letztlich brauchen wir dazu eine lebendige Beziehung zu Gott. Dann können wir einander konkrete Hilfestellungen geben, indem wir um Vergebung bitten und vergeben, wo wir einander Schaden zufügen. In unserem Miteinander – gerade in der Kirche – sollten wir vor allem auf unsere Worte und unser Tun achten und uns im Leben und im Handeln der Führung des Heiligen Geistes anvertrauen. Bitten wir also Gott, den Herrn, dass unsere Zunge, unser Denken, Reden und Handeln Werkzeuge des Guten sind, Werkzeuge des Trostes, des Segens und der gegenseitigen Erbauung.

Was Segen bedeutet

Segen im Alten Testament

Im Gegensatz zu damals benachbarten Kulturen wird der Segen im Alten Testament in keiner Weise magisch verstanden. Im Gegenteil – als Gesamtkonzept wird die Magie darin sogar ausdrücklich marginalisiert.[3] Das Sprechen des Segens, also der eigentliche Segensakt, wird sowohl von Menschen als auch von Gott selbst vollzogen. Die Segensgabe allerdings gewährt Gott allein. Das wird beispielsweise deutlich im aaronitschen Segen: Die Priester[4] sprechen den Segen im Konjunktiv, in der Wunschform (segne, behüte, schenke dir) und Gott setzt dann den Segen in die Gaben um.[5] Wenn Gott den Segen spricht, dann ist er entweder Befehl oder Wunsch.[6] Gott verspricht seinen Segen oft als eine Wohltat, die durch den Patriarchen – sozusagen als Statussymbol – weitergegeben werden kann.[7] In den Gesetzestexten wird der Gehorsam Israels durch den Segen belohnt.[8] Der Empfänger des Segens kann zur vorbildhaften Person werden.[9] In der Weisheitsliteratur ist Gottes Segen Wohltat für den einzelnen Frommen.[10] Er konkretisiert sich dann ganz unterschiedlich – in Wohlstand, Nachkommenschaft, landwirtschaftlicher Fruchtbarkeit, Schutz und langem Leben.[11] Der Segen zwischen Menschen kann Wunsch[12] oder auch Gebet sein. Der Tradition des Alten Orients entspricht der Segen in Verträgen.[13] Segen beim Gruß oder beim Abschied weist auf Wohlwollen[14] und Dank[15] hin.

---

3 Lexikon für Theologie und Kirche, 9. Band, Herder 2000, S. 396
4 Vgl. Num 6, 23b-26
5 Vgl. Num 6, 27b
6 Vgl. Gen 1, 22b
7 Vgl. Gen 12, 2f.; Gen 18, 18; Gen 22, 18
8 Vgl. Ex 23, 25; Dtn 7, 13f.; Dtn 15, 4.6; Dtn 30, 16
9 Vgl. Sach 8, 13; Jes 19, 24
10 Vgl. Ps 5, 13; Ps 24, 5; Spr 3, 33
11 Vgl. Spr 10, 22; Ps 128, 3; Jes 51, 1f.; Ez 34, 26f.; Ps 37, 22.28.39; Ez 34, 25f.; Jes 65, 18-25
12 Vgl. Tob 10, 11.13
13 Vgl. Dtn 28, 3-14; Jos 8, 34; 2 Kön 18, 31 par. Jes 36, 16
14 Vgl. Gen 47, 7; 1 Sam 25, 14; 2 Kön 4, 29
15 Vgl. Rut 2, 4; 1 Sam 15, 13

Es gibt Bibelstellen im Alten und im Neuen Testament – und das ist für unseren Zusammenhang besonders interessant –, wo Menschen von Gott gesegnet werden, ohne dass sie um den Segen Gottes gebeten hätten. Da ergreift Gott selbst die Initiative, nicht etwa ein Mensch. Und wenn Gott den Segen schenkt, dann kann der Segen auch niemals zu einem Fluch werden. Wir sehen das an Balak, dem König der Moabiter. Er sah sich betrogen, weil er dem Propheten Bileam viel Geld versprochen hatte, falls er Israel verfluchen würde. Doch stattdessen tut er das Gegenteil und segnet Israel: „Da sagte Balak zu Bileam: Was hast du mir angetan? Ich habe dich geholt, damit du meine Feinde verwünschest, und nun hast du sie statt dessen gesegnet."[16] Bileam aber hatte Balak schon vorher gesagt: „Doch wie soll ich verwünschen, wen Gott nicht verwünscht, wie soll ich drohen, wem Gott nicht droht?"[17] Der Segen Gottes kann demnach nicht verändert oder weggenommen werden. Was Gott verfügt hat, kann nicht einfach zunichte gemacht werden.

Es gibt eine zentrale Stelle im Alten Testament, die dezidiert über das Segnen spricht. Es ist der bereits erwähnte Segen für Aaron und seine Nachfolger (Aaronitischer Segen). „Der Herr sprach zu Mose: Sag zu Aaron und seinen Söhnen: So sollt ihr die Israeliten segnen; sagt zu ihnen: Der Herr segne dich und behüte dich. Der Herr lasse sein Gesicht über dir leuchten und sei dir gnädig. Der Herr wende sein Angesicht dir zu und schenke dir Heil. So sollen sie meinen Namen auf die Israeliten legen, und ich werde sie segnen."[18]

Nach der Flucht aus Ägypten hält sich das Volk Israel ein Jahr lang am Berg Sinai auf. Dort bekommen sie das Gesetz. In den letzten drei Wochen am Sinai bereiten sie sich auf den Aufbruch für die Reise nach Kanaan vor. Dort wartet auf sie die Auseinandersetzung und der Kampf mit den Feinden. Die Armee wird gezählt, die Lagerordnungen und die Marschaufstellung wird festgelegt. Besonders betont wird der Dienst der Priester und der Leviten.

In dieser Situation nun teilt Gott dem Mose mit, wie Aaron, der Priester, und seine künftigen Nachfolger das Volk Israel zu segnen hätten. Alle Unternehmungen und Vorbereitungen für die Einnahme des Landes Kanaan wären wohl vergeblich, wenn Gott sein Volk nicht segnen würde. Hier greift wirklich ein uns immer noch bekanntes Sprichwort:

---

[16] Num 23, 11 (Einheitsübersetzung)
[17] Num 23, 8 (Einheitsübersetzung)
[18] Num 6, 22-27 (Einheitsübersetzung)

„An Gottes Segen ist alles gelegen." Es war also eine der wichtigsten und vornehmsten Aufgaben der Priester, das Volk immer wieder zu segnen. Unmittelbar vor dem aaronitischen Segen im Buch Numeri gibt es die Anweisungen für die Nasiräer, also für diejenigen, die sich vor Gott zu besonderer Askese verpflichtet hatten. Dazu gehörten Samuel und Simson. Unmittelbar nach dem aaronitischen Segen wird beschrieben, wie die Gaben der Stammesfürsten für die Einweihung des Offenbarungszeltes beschaffen sein sollten. Gott beruft dann noch einige auserwählte Nasiräer und besonders teure Gaben dürfen von den wohlhabenden Stammesfürsten gespendet werden. Der Segen des Aaron allerdings ist für das ganze Volk Israel bestimmt – für alle, für Große und Kleine, für Reiche und Arme, für besondere Persönlichkeiten und für Unbekannte: „So sollt ihr die Israeliten segnen."[19]

Dieser Segen kam vom Herrn selbst, von Jahwe. Er wurde also nicht Aaron oder den anderen Ältesten in Israel vorbereitet oder in einem kreativen Seminar entwickelt. Jahwe ist derjenige, der den Segen spendet. Wir lesen hier nicht von Gott als „Elohim", sondern ausschließlich von „Jahwe". Und das hat folgende Bedeutung: Der Gottesname „Elohim" steht vor allem für die jenseitige Erhabenheit der Allmacht Gottes. Aber um die geht es hier nicht. Stattdessen steht etwas anderes im Vordergrund: die Nähe Gottes, seine Fürsorge, Gottes treusorgende Liebe und Güte – deshalb der Gottesname „Jahwe". So heißt es in Vers 27: „So sollen sie meinen Namen auf die Israeliten legen, und ich werde sie segnen." Der gemeinte Name ist „Jahwe", der in besonderer Weise seinem Volk nahe ist und eine ganz persönliche Beziehung zu ihm pflegt. Gott ist seinem Volk nahe und er will ihm immer nahe bleiben. Das gleiche gilt für Jakobus, wenn er im Neuen Testament schreibt: „Sucht die Nähe Gottes; dann wird er sich euch nähern."[20]

Zusammenfassend sei gesagt: Wenn man sich intensiver mit dem Thema Segen und Segnen im Alten Testament beschäftigt, dann ergeben sich einige interessante Erkenntnisse. Vor allem dies: Gott allein kommt es zu, Tiere und Menschen zu segnen. Er darf das und tut das jederzeit; er hat das Recht dazu. Das ist nicht unwichtig, weil in vielen alten Religionen sowohl das Segnen als auch das Fluchen als Machtausübung der religiösen Führer verstanden wurde. Davon erzählt die Geschichte

---

19 Num 6, 22 (Einheitsübersetzung)

20 Jak 4, 8a (Einheitsübersetzung)

Bileams[21], der beauftragt wurde, das Volk Israel nicht etwa zu segnen, sondern zu verfluchen. Die Bibel belegt aber eindeutig, dass keinem Menschen von sich aus die Macht gegeben ist, zu segnen; nur Gott kann Segen spenden oder er kann ihn vorenthalten. [22] – Ja, auch vorenthalten. Im Buch Deutoronomium etwa segnet Gott das Volk Israel zum wiederholten Mal. Und doch ist damit kein Automatismus verbunden. Es gibt keine Garantie, dass der Segen auch tatsächlich seine Wirkung entfaltet. Denn Gott macht unmissverständlich klar: „Heute werde ich euch den Segen und den Fluch vorlegen: den Segen, weil ihr auf die Gebote des Herrn, eures Gottes, auf die ich euch heute verpflichte, hört, und den Fluch für den Fall, dass ihr nicht auf die Gebote des Herrn, eures Gottes, hört ...“[23]

---

21 Vgl. Num 22-24

22 Vgl. www.glaubensfragen.org/images/pdf/kindersegnung_marlonheins.pdf

23 Dtn 11, 26-28 (Einheitsübersetzung)

Segen im Neuen Testament[24]

Im Neuen Testament ist es vor allem Jesus, der segnet. Die bekanntesten Stellen sind die beiden Erzählungen von der Segnung für die Kinder[25] und die Segnung der Jünger vor der Himmelfahrt.[26]

Interessant wird es dann aber vor allem, wenn wir danach fragen, wie es sich nun mit denjenigen verhält, die in der Nachfolge Jesu stehen. Sind sie denn ebenfalls aufgerufen zu segnen, da doch Jesus auch immer wieder gesegnet hat? Aber gerade diesbezüglich stellen wir fest: In der Bibel werden wir aufgefordert, nur eine einzige Personengruppe zu segnen. Welche Gruppe mag das sein? Die Antwort erstaunt: Die Nachfolger Jesu werden ausdrücklich dazu aufgerufen, diejenigen zu segnen, die verfluchen und verfolgen.[27] Woher nehmen wir dann die Legitimation, Menschen zu segnen? Vielleicht nehmen wir uns an dieser Stelle einen Moment Zeit, um darüber nachzudenken, was der Segen im biblischen Verständnis überhaupt ist und was das Segnen alles beinhaltet.

Im Neuen Testament geht es um eine tiefere Bedeutung dessen, was Segen im Alten Testament meint. Abraham wurde von Gott gesegnet und er bekam die Verheißung, dass durch ihn und in ihm alle Völker und Nationen gesegnet sein sollten. Je weiter wir ins Alte Testament vordringen, um so deutlicher wird, wie dieser Segen an Abraham letztendlich zu verstehen ist. Es geht nicht darum, dass Abraham selbst oder das Volk Israel der Segen für die Welt sein sollen, sondern der verheißene Messias – Jesus Christus – ist dieser Segen Gottes. Er ist der eigentliche Same des Abraham, der für die gesamte Menschheit den Segen bringen sollte. In Jesus Christus sollten alle Menschen mit Gott versöhnt werden.[28] Damit bekam die ganze Menschheit die große Chance, in ähnlicher Weise das zu erleben, was im Alten Testament nur die vom Herrn Gesegneten erfahren konnten – nämlich die Gegenwart des lebendigen Gottes. Damit schließt sich sozusagen der Kreis des Segens – in Jesus selbst. Früher konnten nur auserwählte Menschen Gottes Nähe, seine Führung und Leitung, seinen Zuspruch erfahren. Das ist nun für jeden

24 Vgl. auch: Segnen, Eine Arbeitshilfe, Hrsg: Evangelischer Oberkirchenrat, Stuttgart, 1. Aufl. 2001

25 Vgl. Mk 10, 13-16

26 Vgl. Lk 24, 50f.

27 Vgl. Lk 6, 28 und Röm 12, 14

28 Vgl. 2 Kor 5, 18

Menschen möglich. Es gibt nur eine einzige Voraussetzung: der Glaube an Jesus Christus. In ihm sind alle Menschen gesegnet. In den beiden schon erwähnten Evangelien-Texten, in denen Jesus sozusagen die Segenspraxis des Alten Testamentes wieder aufnimmt – die Segnung der Kinder und die Auflegung seiner Hände mit der Zusage der Teilhabe am Gottesreich[29], sowie die Segnung zum Abschied der Jünger bei seiner Himmelfahrt[30] –, ist die Person des Segnenden das entscheidend Wichtige. So könnte man sagen: „Der grundgültige und endgültige Gottessegen hat also einen Namen: Er heißt Christussegen."[31]

Der Segen im Neuen Testament wird inhaltlich bestimmt durch das Wirken des dreieinigen Gottes. Dies kommt z. B. neben dem dreigliedrigen Schlusssegen[32] auch im Lobpreis[33] am Beginn des Epheserbriefes zum Ausdruck.

Wesentlicher Bestandteil einer Segnung ist in der Liturgie eine Segensformel. Hier wird sprachlich verdichtet das zum Ausdruck gebracht, was Inhalt des Segens ist. Die trinitarische Segensformel bringt kurz und knapp das gesamte heilsgeschichtliche Wirken Gottes in seiner ganzen Fülle ins Wort. Sie spricht von Gott, dem Schöpfer, sie erwähnt das Heilsereignis in Jesus Christus – die Rettung vor Sünde und Tod – und sie bringt den Heiligen Geist ins Spiel, der das Geschenk des neuen Lebens bewirkt.

Dem Auftrag zum Segnen im Alten Testament gesellt sich im Neuen Testament als erstes die Aufforderung Jesu zur Taufe hinzu. Paulus entfaltet dann später, dass die Menschen durch die Taufe auf Jesus Christus zu Kindern Gottes werden. Gleichzeitig sind sie als Nachkommen Abrahams zu Erben des Segens geworden, den er verheißen hat.[34] Mit der Taufe beginnt also die Existenz im Segen der Gotteskindschaft. Daher sind Segnungen immer eine Fortsetzung und eine Bekräftigung dessen, was in der Taufe begonnen wurde.

---

29 Vgl. Mk 10, 16

30 Vgl. Lk 24, 50

31 Frieder Schulz, Segnende Kirche und christlicher Glaube, in: Gemeinsame Arbeitsstelle für gottesdienstliche Fragen, Hannover 28/97, S. 44

32 Vgl. 2 Kor 13, 13 und auch Gal 3, 6 – 4, 7

33 Vgl. Eph 1, 3-14

34 Vgl. Gal 3, 8.14.26-29

Andererseits wissen wir bereits aus der Praxis der frühen Kirche, dass es vor der Taufe eine Zeit der Vorbereitung und Hinführung gab. Dazu gehörten auch Segensfeiern für die Taufbewerber. Schon dadurch wird deutlich, dass Segnungen auch öffentlichen Charakter haben. Segnungen ersetzen allerdings die Taufe nicht und sie können auch kein Grund dafür sein, eine mögliche Taufe auf unbestimmte Zeit aufzuschieben.

In der Bibel gehört zum Segen sowohl der Zuspruch als das Erheben und Ausbreiten der Hände. Die erhobenen Hände sind die Segensgebärde, wenn mehrere Personen gesegnet werden sollen.[35] Die Auflegung der Hände ist das sichtbare Zeichen bei der Segnung von Einzelpersonen.[36] Erst im 2. Jahrhundert wird es üblich, dass sich die Segnenden mit dem Kreuzzeichen bezeichnen („segnen" von lat. „signare"). Damit rückt Jesus Christus erneut deutlich in die Mitte des Geschehens. Gleichzeitig wird dadurch die Verbindung zur Taufe deutlich.

---

35 Vgl. Lev 9, 22 und Lk 24,50

36 Vgl. Gen 48, 14 und Mk 10, 16

Segen sein – Segen zusprechen

Mit großer Selbstverständlichkeit berichtet die Bibel von Segenshandlungen – vor allem im privaten und zwischenmenschlichen Bereich. An dieser Stelle seien nur einige Beispiele benannt: Abraham wird von Melchisedek gesegnet, Jakob wird von Isaak gesegnet, der wiederum seine Enkel segnet. Der Bauer Boas und seine Erntehelfer segnen einander. In den Psalmen wird vielfältig Segen zugesprochen. Simeon segnet Maria, Josef und den neugeborenen Jesus im Tempel. Jesus segnet die Kinder. In den neutestamentlichen Briefen werden Christen immer wieder eingeladen, bestimmte Personen zu segnen.[37]

Bis heute werden im zwischenmenschlichen Bereich ja vielfach allgemeine Lebensweisheiten und mehr oder weniger sinnvolle Zusprüche weitergegeben („Das schaffst du schon!" – „Das wird schon wieder!" – „Kopf hoch!"). Im Unterschied dazu bringt der Segen den Angesprochenen in die Beziehung zu Gott.

Der Segen gilt einerseits alltäglichen Lebensvollzügen: zum Beginn des Tages, zur Schule, zur Arbeit, zur Nachtruhe usw. Andererseits kann er auch Personen zugesprochen werden, die vor dem Beginn eines neuen Lebensabschnitts stehen. Für Menschen, die sich in schwierigen Situationen befinden, die eine ungewisse Zukunft vor sich haben oder in anderen Unsicherheiten leben, kann ein persönliches Segenswort signalisieren: auch das, was jetzt kommt, steht unter dem Segen, der Sorge und der Güte Gottes. Die Handauflegung macht dies sichtbar und spürbar. Die zärtliche Geste lässt den/die Gesegnete empfinden: Ich bin von Gott berührt, behütet und begleitet. Wer sich segnen lässt, wer sich ein Kreuz auf die Stirn zeichnen oder die Hände auflegen lässt, freut sich darüber, dass ihm Gutes gewünscht und Gottes Nähe zugesagt wird („bene dicere" – „Gutes sagen" – Benediktion – Segen). Das schenkt Geborgenheit, Schutz und bewirkt Heil und Heilung. In allen Religionen gibt es solche Segensrituale, um helfende und heilende Kräfte einer „höheren Macht" zu vermitteln. Sie eröffnen und beschließen Tage, Zeitabschnitte und Lebensphasen und bekommen eine besondere Bedeutung in Übergangszeiten.

---

[37] Vgl. Gen 14, 19; 27, 28 f.; 48, 15f.; Rut 2, 4; Ps 115, 12-15; 118, 26; 121, 7f.; 128; Lk 2, 34; Mk 10, 13-16; Röm 12, 4; 1 Kor 4, 12; 1 Petr 3, 9

Allerdings – das sollte man an dieser Stelle nicht verschweigen – ist die Nähe zu magischen Praktiken durchaus gegeben. So kann die Segenspraxis missbraucht und missverständlich werden, vor allem, wenn bei den zu Segnenden ein magisches Verständnis der „Segenswirkung" zugrunde liegt. Dennoch wünschen sich viele, dass die befreiende Kraft des Evangeliums sowohl durch die Berührung an ihrem Körper spürbar wie auch durch den Zuspruch in ihrer Seele erfahrbar wird. Sie wünschen sich nichts mehr als die Liebe Gottes mit allen Sinnen zu erfahren.

Mir hat eine biblische Geschichte geholfen, zu verstehen, worum es innerlich beim Segen geht – vor allem für diejenigen, die in besonderen Lebenssituationen stehen, z. B. weil sie geschieden und wiederverheiratet sind oder in einer homosexuellen Partnerschaft leben. Es ist die Geschichte vom Ringkampf des Jakob um den Segen Gottes.[38]

Wenn wir diese biblische Erzählung an uns heranlassen, dann fordert sie uns heraus. Denn hier geht es um einen Menschen, der einen Fluss, den Jabbok, überqueren muss. Dieser Fluss steht als Symbol für die Erfahrung von Trennung und Spaltung in zwischenmenschlichen Beziehungen. Es ist eine dunkle Erzählung vom Ringen in der Nacht. Dieser einsame Kampf verändert Jakob – innerlich und äußerlich – und macht ihm einen neuen Anfang möglich.[39]

Jakob hat den Jabbok nicht zum ersten Mal überquert. Er, der Lügner, der seinen eigenen Bruder Esau um den väterlichen Segen betrogen hatte, musste einst vor dessen Zorn fliehen. Auf dieser Flucht in die Fremde überquert Jakob zum ersten Mal den Jabbok, den Fluss, der das Gebirge trennt und spaltet, der zwei Länder trennt und spaltet und der auch die Familie, die beiden Brüder trennt und spaltet. Zwanzig Jahre lang gibt es kein Zurück mehr, zwanzig Jahre können die Trennungen nicht überwunden und die Verletzungen nicht geheilt werden.

Nach all den Jahren fasst Jakob einen Entschluss: Er will zurückkehren; er will diesen Fluss überqueren und damit die tiefe Spaltung zwischen ihm und seinem Bruder Esau überwinden. Er sucht die Versöhnung. Doch er hat Angst, denn wahrscheinlich ist Esau zornig auf ihn. Und so betet er: „Entreiß mich doch der Hand meines Bruders, der Hand Esaus!

---

38 Vgl. Gen 32, 23-33

39 Einige inhaltliche und sprachliche Anregungen verdanke ich Bernd Kappes, www.theologie.uzh.ch/predigten/archiv-6/pr-nachtgespraeche-2004-1.html

Ich fürchte nämlich, er könnte kommen und mich erschlagen, Mutter und Kind."[40]

Trotzdem bricht er auf und kommt schließlich zum Jabbok. Mit großem Gefolge ist er unterwegs, doch in der entscheidenden Nacht ist er ganz allein – mitten in der Nacht, in der Mitte der Unversöhnlichkeit, im Zentrum der Trennung. Dann aber ist er plötzlich nicht mehr allein: Ein Mann taucht auf, aus dem Nichts, aus dem Dunkel der Nacht. Und er ringt mit ihm. Jakob nimmt den Kampf an – mit einem ihm zunächst Unbekannten. Erst im Verlauf des Kampfes lernt ihn Jakob als Boten Gottes kennen. Oder ist es Gott selbst? Es wird nicht geredet oder verhandelt, nach dem Motto: Vielleicht finden wir ja eine Lösung auf diplomatischem Weg. Aber Jakob weicht dem Kampf nicht aus. Es ist ein Kampf, der alles von ihm fordert, ein Ringen mit allem, was dazugehört. Wie stark ist sein Wille? Kann er widerstehen? Findet er die nötige Konzentration, den richtigen Zeitpunkt, um zuzupacken? Er muss dran bleiben, die Nähe aushalten. Sie wird immer intensiver, intimer. Wenn ich jemandem so nahekomme, dann bin ich sozusagen auf Tuchfühlung; ich spüre den anderen, ich rieche ihn, mir bleibt vielleicht die Luft weg, die Bewegungen werden langsamer – auch das Bild einer Umarmung kommt mir in den Sinn. Die beiden halten sich fest.

Es muss ein langer, ausgiebiger Kampf gewesen sein, denn schon bricht der Morgen an und der Fremde möchte sich loslösen von Jakob. Die beiden schauen sich in die Augen. Näher können sie einander nicht sein. Der Fremde bittet Jakob, ihn loszulassen. Doch er lehnt ab: „Ich lasse dich nicht los, wenn du mich nicht segnest." Jakob will wohl damit sagen, dass er von ihm gesegnet werden möchte mit allem, was ihn ausmacht, mit seiner ganzen Lebensgeschichte, mit allem, was zu ihm gehört, was ihn geprägt hat, so wie er ist. Als solcher möchte er von Gott gesegnet werden. Damit ist es ihm ernst. Das kann dieser Fremde, das kann Gott doch nicht ablehnen.[41]

In all dem steckt eine solche Kraft und Energie. Welche Sehnsucht nach Heil, welcher Hunger nach Heilung liegt in dieser Begegnung am Jabbok, dem Fluss der Trennung. Eine solch intensive Nähe kann man nur erleben, wenn beide mitspielen. Das ist die eine Person, die dazu auffordert, und da ist die zweite Person, die einwilligt und sich einlässt. Jakob ist ganz sicher kein Moralapostel, aber für mich ist er ein

---

40 Gen 32, 12 (Einheitsübersetzung)

41 Vgl. Gen 32, 27-31 (Einheitsübersetzung)

beeindruckender Richtungsweiser. Denn er macht mir Mut, die Nähe Gottes einzufordern, um sie zu kämpfen. Ist das möglich? Um den Segen kämpfen? Ist nicht Gott derjenige, der entscheidet, wen und wann er segnet und ob er es überhaupt tut? Wir sind gewohnt, um den Segen Gottes zu bitten. Das schon, aber dürfen wir um den Segen ringen, dürfen wir Segen einfordern und herbeizwingen wollen? Wäre das nicht vermessen? Versuchen wir da nicht, das Unverfügbare verfügbar zu machen? Kann man also, darf man um den Segen kämpfen? Kein Zweifel, Jakob tut es: „Ich lasse dich nicht los, wenn du mich nicht segnest."

Ja, kein Zweifel, nicht wenige Menschen wollen das. Auch sie kämpfen – im wahrsten Sinne des Wortes – um den Segen. In den Augen vieler religiöser Führer sind sie in ihrer „Sünde" aus der Gnade Gottes und seiner Kirche herausgefallen, und sie leben ein Leben, dass sich mit den Grundsätzen kirchlicher Moral nicht (mehr) verträgt. Da kann man nur mit dem Kopf schütteln. Und doch wagen sie es, um den Segen zu bitten, weil sie sich nach einem Leben in Fülle sehnen. Wie Jakob sind sie oft einsam und allein, inmitten der Nacht, am Jabbok, an den Brüchen und Ungereimtheiten ihres Lebens, in der Mitte von Ausgrenzung, Spaltung und Trennung. Sie suchen Heil und Heilung, sie wünschen sich den Segen Gottes und gelingendes Leben. Und sie kämpfen um Heilung ihrer Verletzungen. Sie wünschen sich so sehr, dass die gestörten Beziehungen und die Brüche (zu nahestehenden Menschen und zur Kirche) wieder hergestellt und neu aufgebaut werden können. Sie wünschen sich so sehr den Segen, da wo Enttäuschungen und Zurücksetzungen über Jahre mächtig und bestimmend wurden. Es schien, als wäre das ganze Leben ein einziger Fluch, von dem es sich zu lösen gilt.

„Ich lasse dich nicht los, wenn du mich nicht segnest." Können, dürfen wir um den Segen ringen? Ja, wir können, wir dürfen um den Segen ringen, wir müssen es tun, und wir tun es ständig Das ganze Leben ist ein Ringen um den Segen. Was anderes ist das Leben sonst, als der Wunsch und das Bemühen, dass das Leben heil werde und gelingen möge? Was wäre denn wichtiger als die Suche und die Sehnsucht nach Leben und Segen? Und so gibt es viele Menschen, die – wie Jakob – mit „dem Mann" ringen: mit Gott, der Leben und Segen schenken kann und schenken will. Und sie ringen mit der Kirche, die ihnen den Segen verweigert oder entzieht – oder ihnen zum Segen wird. „Ich lasse dich nicht los, wenn du mich nicht segnest."

Für Jakob steht also fest, dass er um den Segen kämpft. Und vielleicht ist das ja das eigentlich Überraschende: diesen Kampf gewinnt er tatsächlich. Aber der Kampf und der Sieg hinterlassen ihre Spuren. Jakob, der als Gesegneter den Fluss der Trennung hinter sich lässt, ist ein hinkender und angeschlagener Jakob. Wir dürfen, wir müssen um den Segen ringen, aber – und das ist die zweite tiefe Wahrheit dieser Geschichte – wenn der Segen kommt, kommt er mit Sicherheit nicht zu unseren eigenen Bedingungen! Der Segen für Jakob ist kein Friede-Freude-Eierkuchen-Segen. Denn dieser Segen ist unter großen Schmerzen errungen worden. Das Leben war oft genug ein einsamer und verzweifelter Kampf in den Dunkelheiten des Lebens. Da gab es so manche Verdrehungen und Verrenkungen, die aber auch zum Leben gehören. Der Segen schließt sie mit ein und deshalb ist er kein Segen, der einfach und glatt daherkommt. Jakob hat vieles erlebt; er humpelt und hinkt.

Aber das Hinken, die Verwundung, die Verletzung behalten nicht das letzte Wort. Diese Hoffnung darf man festhalten; die Hoffnung auf ein Leben ohne Beschädigung, ohne Tränen und Resignation. Die Spannung aber bleibt: Jakob, ein Hinkender und ein Gesegneter! Am nächsten Morgen – nach der durchkämpften Nacht – ist Jakob ein anderer. Er hat sogar einen neuen Namen bekommen: Gottesstreiter. „Die Sonne schien bereits auf ihn …“[42] – nach zwanzig Jahren Dunkelheit, nach zwanzig Jahren Gespalten- und Getrennt-Sein geht ihm die Sonne auf. Auch tiefe Trennungen können überwunden werden: Hinkend und humpelnd tritt er vor seinen Bruder Esau. Die Sehnsucht nach Versöhnung macht ihm Mut und bestärkt ihn. Zögernd, hinkend und humpelnd tritt er vor ihn hin, zugleich aber paradoxerweise aufrecht. Zum ersten Mal scheint er seinem Bruder aufrecht zu begegnen. Er bringt Geschenke mit und seinen Segen. Und dann heißt es: „Esau lief ihm entgegen, umarmte ihn und fiel ihm um den Hals; er küsste ihn und sie weinten.“[43] Kein Spott, kein Hass auf den hinkenden Bruder, sondern Segen – und Tränen der Entspannung, die alle Trennung überwinden.

Ja, es gibt sie – die Menschen, die um Segen und Leben kämpfen, ringen, beschädigt und verletzt; sie hinken, sie humpeln, aber sie sind gesegnet – und sie schenken Segen weiter. „Ich lasse dich nicht los, wenn du mich nicht segnest.“

---

42 Gen 32, 32 (Einheitsübersetzung)

43 Gen 33, 4 (Einheitsübersetzung)

Segnungen – Wenn eine kirchliche Hochzeit nicht möglich ist …

Voraussetzungen und Disposition

Bei jeder Segensfeier sollte man darüber nachdenken, wie sie am besten vorbereitet und gestaltet werden kann und in welchem Rahmen sie sinnvollerweise stattfinden soll. Zunächst einmal wird eine solche Feier immer mit den beteiligten Personen, die ja mit diesem Anliegen an den Liturgen herantreten, vorbesprochen und gründlich vorbereitet. Das heißt in der Konsequenz auch, dass die Vorstellungen der beteiligten Personen von dem, was in der Segensfeier geschehen soll (und was nicht!), unbedingt zu berücksichtigen sind. Umgekehrt hat aber eine Segensfeier auch bestimmte Inhalte, die nicht einfach zur Disposition stehen dürfen.

Im Mittelpunkt unseres christlichen Glaubens stehen Leben, Sterben und Auferstehung Jesu Christi. Aus diesem Grund ist die Verkündiung der Frohen Botschaft – dazu gehören vor allem eine Schriftlesung und die Predigt – zusammen mit dem fürbittenden Gebet wichtiger Bestandteil jedes Segnungsgottesdienstes.[44] Die in einer Segensfeier zur Geltung kommenden individuellen Bedürfnisse der zu Segnenden sollten bei der Verkündigung der Frohen Botschaft aufgegriffen und an ihr orientiert werden. Umgekehrt dürfen wir bei denen, die eine solche Segensfeier für sich wünschen, eine gewisse Offenheit Gott gegenüber erwarten. Gott handelt an uns, und er will uns sein Heil schenken – das ist eine innere Haltung, die ich eigentlich für jede gottesdienstliche Feier voraussetze. Eine weitere wichtige Grundhaltung ist die des Vertrauens, das Gott tatsächlich sein Heil wirken wird. Schließlich gehört zu einer guten Vorbereitung auch die richtige Einschätzung von Nähe und Distanz, die einer solchen Segensfeier angemessen ist. Dazu gehören Einfühlungsvermögen und Behutsamkeit.

Die pastorale Einführung in das deutsche Benediktionale gibt mit Blick auf die teilnehmende Gemeinde und ihre Aufgaben folgende Hinweise: „Segnungen sind immer Tun der Kirche und niemals nur rein private

---

[44] Vgl. 1 Tim 4, 4f.

Handlungen.[45] Deshalb sollen in der Regel die Gemeinde oder Personen, die um die betreffende Segnung bitten, daran teilnehmen. Die Anwesenden sollen sich durch Akklamationen, Gebet und Gesang an der Feier beteiligen. Lektoren, Kantoren und Vorbeter sollen die ihnen zustehenden Teile der Feier übernehmen."[46] Zu den Aufgaben des Spenders wird im Benediktionale folgendes erläutert: „Auf Grund des allgemeinen oder besonderen Priestertums oder eines besonderen Auftrages kann jeder Getaufte und Gefirmte segnen. Je mehr aber eine Segnung auf die Kirche als solche und auf ihre sakramentale Mitte bezogen ist, desto mehr ist sie dem Träger eines Dienstamtes (Bischof, Priester, Diakon) zugeordnet."[47] Nicht unwichtig scheint mir in diesem Zusammenhang auch folgende Feststellung: „Der Zelebrant soll für eine sorgfältige Vorbereitung der Feier der Segnung sorgen. Dabei wird er auch jene Teilnehmer berücksichtigen, die dem christlichen Gottesdienst oder dem christlichen Glauben fernstehen."[48]

Es gibt aber auch gewisse innere Grundhaltungen, die notwendig sind, um Menschen einen Segen zusprechen zu können. Dazu gehört die Dankbarkeit, die Ehrfurcht und – wie bereits erwähnt – die Offenheit Gott gegenüber und gegenüber den Menschen, die an einer solchen Feier teilnehmen. Wir gehören alle zusammen und unser Leben, so wie es (geworden) ist, verdanken wir vielen Menschen, die uns auf unserem Weg begleitet und ihn gekreuzt haben. Wir sind alle gemeinsam unterwegs auf dem Weg zu Gott, wo es keine Trennung und kein Alleinsein mehr geben wird. In einer solchen Haltung begegnen wir einander – und öffnen uns für diesen Moment, für diesen einen Augenblick. Tikkin olam – so wird im Judentum diese Art der Spiritualität genannt, aus deren Haltung heraus wir die Welt vervollkommnen können. Dazu gehören vielleicht einfach nur schlichtes Da-Sein, Hinhören, Schweigen, vielleicht ein Gebet oder ein Auflegen der Hände, ein dankbares Lächeln, ein einfaches, erlösendes Wort. Der Priester und Liedermacher Alois Albrecht hat es in den Worten eines Kanons so formuliert: „Einfache Dinge machen und das in Liebe."[49] Gerade jetzt in diesen Tagen, im März 2020, nach den einschneidenden und stark einschränkenden

---

45 Vgl. Konstitution über die heilige Liturgie, Art. 26
46 Benediktionale, Pastorale Einführung, Nr. 17
47 Benediktionale, Pastorale Einführung, Nr. 18
48 Benediktionale, Pastorale Einführung, Nr. 20
49 www.deutscheslied.com

Maßnahmen, die uns im Zuge der Corona-Krise alle getroffen haben, ist mir das neu aufgegangen: Die kleinen Dinge, die unscheinbaren Gesten, die Begegnungen von Mensch zu Mensch, ein gutes Wort, ein Lächeln – sie können in einer solchen Situation wichtig sein, überlebenswichtig. Nach Auffassung des Judentums segnet auch der Mensch, der um all diese kleinen Gesten und Zeichen weiß. Darüber hinaus segnet Gott mich auch durch den Dank und den Lobpreis anderer Menschen: „Ich will dich rühmen mein Leben lang, in deinem Namen die Hände erheben."[50] In diesem Lobpreis Gottes wird umfänglich deutlich, dass die gesamte Schöpfung mit allem, was (geworden) ist, Ausdruck des Handelns Gottes ist: er schenkt uns seinen Segen. „Jeglicher Segenszuspruch geht von Gott aus. Daher geht der Segen ausdrücklich über einen guten Wunsch oder die Kraft positiven Denkens hinaus. Segen ist die Manifestation Gottes in uns, das Tun reflektiert unsere Beziehung zu Gott."[51]

---

50 Ps 63, 5

51 Zitiert aus Arndt Büssing und Martin Patzek: „Gesegnet sein, zum Segen werden. Impulse, Texte und Lieder für die Praxis", Verlag Butzon & Bercker 2007

Homosexuelle Partnerschaften

Die grundsätzliche Diskussion, ob gleichgeschlechtliche Partnerschaften gesegnet werden können, ist innerkirchlich immer noch in vollem Gang. In den letzten Wochen und Monaten haben sich immer häufiger auch katholische Bischöfe für eine Segnung von schwul-lesbischen Paaren ausgesprochen, auch wenn dafür manchmal eher haarsträubende Argumente angeführt werden.

So erklärte beispielsweise der emeritierte Weihbischof Dieter Geerlings auf einer Veranstaltung in Münster, dass die Kirche gleichgeschlechtliche Partnerschaften segnen könne.[52] Die Kirche dürfe, so Geerlings, nicht einfach den Segen verweigern, wenn Menschen, die in Verantwortung, Liebe und Glauben ihre Beziehung führten, danach verlangten. Wörtlich sagte er: „Menschen, die um den Segen bitten, wollen das erfahren, was die Kirche schenken kann. Segnung heißt, darum zu bitten, dass die Beziehung gelingt und Gott helfend und liebend in ihr anwesend ist."

Seine Worte untermauerte Geerlings dann allerdings mit einem Argument, das – wie ich finde – an dieser Stelle nicht sehr hilfreich ist: „Wenn auf dem Domplatz Autos gesegnet werden, frage ich auch nicht danach, wie viele Punkte der Fahrer in Flensburg hat." Erstens geht es hier doch nicht um Gegenstände, Sachen oder Einrichtungen, die gesegnet werden sollen, hier geht es um Menschen. Zweitens wird mit diesem Argument unterschwellig unterstellt, dass es sich hier um den Segen handelt für etwas, was vielleicht nicht ganz in Ordnung oder zumindest nicht geheuer ist, etwas, das u. U. sogar missbraucht werden kann. Aber hier geht es um partnerschaftliche Beziehungen, um Frauen, die eine Frau lieben, um Männer, die einen Mann lieben. Insofern ist der Vergleich mit zu segnenden Autos, die auch zu schnell fahren oder über rote Ampeln gesteuert werden können, eher unglücklich – auch wenn er gut gemeint war.

Auf der gleichen Veranstaltung erklärte Pastoralreferentin Elisabeth Frenke, die in der Ehe-, Familien- und Lebensberatung Münster tätig ist: „Es muss jetzt nicht nur geredet werden, sondern es müssen auch Taten folgen." Gleichzeitig ermutigte sie gleichgeschlechtliche Paare und

---

[52] „Weihbischof Geerlings: Kirche kann homosexuelle Paare segnen", Katholisches Online-Magazin „Kirche + Leben", https://www.kirche-und-leben.de, 16.08.2019

forderte sie auf, um den Segen zu bitten. Am Ende fügte sie hinzu: „Ich weiß, dass es Priester gibt, die gleichgeschlechtliche Paare segnen, und das ist auch gut so."[53]

Der Hamburger Erzbischof Stefan Heße und sein Osnabrücker Kollege, Bischof Franz-Josef Bode, äußerten sich auf einer Pressekonferenz[54] zur Vorstellung eines theologischen Sammelbandes mit Plädoyers für die Segnung gleichgeschlechtlicher Partnerschaften. Die beiden Bischöfe hatten zu diesem theologischen Werk ein gemeinsames Geleitwort verfasst. Erzbischof Heße sagte dazu: „Ich sehe, dass wir als Kirche nur glaubwürdig in diese Gesellschaft hineinwirken können, wenn wir uns mit den Lebenswirklichkeiten der Menschen befassen."[55] Bischof Franz-Josef Bode, der die Pastoralkommission der Deutschen Bischofskonferenz leitet und gleichzeitig stellvertretender Vorsitzender der Bischofskonferenz ist, ergänzte: „Seelsorge darf heute weniger denn je die ausschließen, die um Begleitung bitten."[56] Ein Nachdenken über die Möglichkeit der Segnung gleichgeschlechtlicher Lebenspartnerschaften hatte Bode bereits im Januar 2018 angeregt. Der Sammelband „Mit dem Segen der Kirche? Gleichgeschlechtliche Paare im Fokus der Pastoral"[57] enthält Beiträge einer nicht-öffentlichen Fachtagung der katholischen Akademien Osnabrück und Hamburg, die im Juni 2018 in Hamburg stattgefunden hat. Darin plädieren deutschsprachige Theologen, kirchliche Mitarbeiter*innen und Betroffene für eine Segnung gleichgeschlechtlicher Partnerschaften durch die Kirche.

Im September 2019 fand in Frankfurt eine Fachtagung zum Thema „Liebe, Sexualität und Treue – Segensfeiern für gleichgeschlechtliche Paare und wiederverheiratet Geschiedene" statt.[58] Sechs hochrangige Theologen konnten auf dieser Tagung sehr sachkundig und wissenschaftlich fundiert nachweisen, dass gleichgeschlechtliche Paare und wiederverheiratete Geschiedene in der katholischen Kirche sehr wohl

---

53 a.a.O.

54 „Bode und Heße: Kirchliche Begleitung Homosexueller fördern", Die Tagespost, Online-Artikel vom 28.08.2019

55 a.a.O.

56 a.a.O.

57 Stephan Loos, Michael Reitemeyer, Georg Trettin (Hrsg.), Mit dem Segen der Kirche? Gleichgeschlechtliche Paare im Fokus der Pastoral, Herder 2019

58 „Gute Gründe für Segensfeiern stoßen auf ein klares Nein", http://bistumlimburg.de, 21.09.2019

ein Anrecht auf kirchlichen Segen geltend machen könnten.[59] Allerdings ging am Ende der Veranstaltung der römische Salesianer, Pater Markus Graulich, Kirchenrechtler und -historiker, dazwischen und betonte sehr eindringlich: „Ein Segen würde der Lehre der Kirche widersprechen. Hier ist keine Weiterentwicklung zu erwarten ...“[60] Keine einzige Bischofskonferenz könne einen solchen Schritt wagen, und einzelne Ortsbischöfe, auch wenn sie Gesetzgeber in der eigenen Diözese seien, könnten sich auf keinen Fall über Rom hinwegsetzen.

Die Fachtagung gehörte zu einem Prozess des Bistums Limburg mit dem Titel: „Paare, die nicht katholisch heiraten können, bitten um den kirchlichen Segen. Was tun?“ In den Referaten der sechs Theologen – aus humanwissenschaftlicher, pastoraler und liturgischer Perspektive – wurde eine breit gefächerte, unterschiedlich begründete Zustimmung zu Segensfeiern deutlich. So hatte der Psychoanalytiker Tillman Schneider (Berlin) betont, Lust und Begehren müssten unabhängig von der möglichen Fortpflanzung betrachtet werden. Die Liebe zweier erwachsener Menschen verdiene grundsätzlich die Anerkennung staatlicher und kirchlicher Stellen. Allzu lange hätten Menschen die Erfahrung von Stigmatisierung und Diskriminierung allein aufgrund unveränderlicher Eigenschaften machen müssen. Homosexuelle Beziehungen seien gleichrangig mit anderen Liebesbeziehungen und ebenso schützenswert.[61]

Der Moraltheologe Franz-Josef Bormann (Tübingen) betonte, dass die moralische Legitimität gleichgeschlechtlicher Partnerschaften, wenn sie exklusiv und auf Dauer angelegt sind, anerkannt werden müsse. Er sprach sich grundsätzlich für eine klare Unterscheidbarkeit zwischen einer sakramentalen Ehe zwischen Mann und Frau und einer Anerkennung gleichgeschlechtlicher Partnerschaften durch ein eigens entwickeltes Ritual aus, das auf keinen Fall eine Schrumpfform der Trauungsliturgie sein dürfe.[62]

---

59 Die unterschiedlichen Positionen werden in einem Beitrag des Bistums Limburg wiedergegeben: https://pastoral.bistumlimburg.de/beitrag/pro-und-kontra-segensfeiern-1/

60 Markus Graulich SDB, a. a. O.

61 Tillman Schneider, a. a. O.

62 Franz-Josef Bormann, a. a. O.

Anhand der üblicherweise aufgeführten Bibelzitate zur Homosexualität wies der Alttestamentler Thomas Hieke (Mainz) nach, dass alle diese Stellen keineswegs Homosexualität als Konzept verurteilten. „Wir müssen Homosexualität als Teil der guten Schöpfung Gottes akzeptieren", zeigte er sich gewiss.[63]

Speziell zur Frage des Segens nahm die Dogmatikerin Julia Knop (Erfurt) Stellung. Sie sehe einen Spielraum in der Auseinandersetzung mit Rom. Nach ihrer Erfahrung seien Kurskorrekturen im Lehramt der katholischen Kirche ja keineswegs ungewöhnlich. „Man spricht nur nicht so gern darüber", sagte sie.[64] Die Kirche dürfe in dieser Frage, die seit Jahrzehnten in den westlichen Gesellschaften an Dynamik gewinnt, nicht „zum Moralapostel degenerieren". Vielmehr müsse das Eheverständnis grundsätzlich von der biologischen Zeugungsfähigkeit abgekoppelt werden. Wer die Paarsegnung verweigere, halte homosexuelle Liebe für schöpfungswidrig. Das sei „menschlich verheerend". Wer den Segen verweigere, schließe Menschen aus Kirche und Glauben aus. „Wenn Homosexualität eine Schöpfungsvariante ist, dann steht sie unter Gottes Segen."

Der Liturgiewissenschaftler Benedikt Kranemann (Erfurt) stellte den Segen als kommunikatives Geschehen zwischen Gott und Mensch in den Vordergrund. Diesen Segen grundsätzlich zu verweigern, sei höchst problematisch. Bei der Bitte um den Segen müsse sich die Kirche in Dienst nehmen lassen, denn der eigentlich Handelnde sei Gott. Wie man schon seit einigen Jahren an den vielen Segensfeiern zum Valentinstag sehe, könne sich auch in der Kirche zuerst die Liturgie verändern und dann erst die Lehre. „Die Ablehnung von Homosexualität kann sich jedenfalls nicht auf Altes und Neues Testament beziehen."[65]

Der Limburger Bischof Georg Bätzing hatte sich in einer Stellungnahme zu Beginn der Fachtagung zum Bistumsprozess geäußert: „Es wird deutlich, dass wir unsere kirchliche Lehre im Blick auf Partnerschaft und Sexualität weiterentwickeln müssen, um angesichts der Lebenserfahrung vieler Zeitgenossen anschlussfähig zu werden." Der Beratungsprozess in Limburg weite den Horizont. Es gebe zwar noch etliche Detailfragen, die reflektiert werden müssten, die Weiterentwicklung der kirchlichen Lehre sei aber ein „unverzichtbarer Beitrag zur Evangelisierung in unserer Zeit."[66]

---

[63] Thomas Hieke, a. a. O.
[64] Julia Knop, a. a. O.
[65] Benedikt Kranemann, a. a. O.
[66] Georg Bätzing, a. a. O.

Wiederverheiratete Geschiedene

Immer wieder erleben Menschen, dass ihre Beziehung zu einem anderen Menschen, die sie nach bestem Wissen und Gewissen und mit den besten Vorsätzen zeitlich unbegrenzt eingegangen sind, nun doch zerbrochen ist. Wie das Ende einer solchen Beziehung erlebt und empfunden wird, kann sehr unterschiedlich sein: Einerseits ist da natürlich die Erfahrung des Scheiterns, die prägend ist, andererseits erleben das aber auch viele so: Unsere Beziehung hatte „ihre Zeit", nun aber ist sie halt an ein inneres Ende gekommen. Damit wird deutlich, dass ja nicht nur das Kennenlernen, das Zusammenwachsen und Zusammenleben seine Zeit hatte, sondern auch das Auseinandergehen und die Trennung. Nun sehnt sich aber jeder Mensch nach einer dauerhaften, lebendigen Beziehung; nach einer Liebe, die kein Ende nimmt. Normalerweise lassen sich zwei Menschen ja auf eine Beziehung ein, weil sie sich wünschen, dass diese auf Dauer angelegt ist, dass sie möglichst lange andauern möge. Und das gilt noch einmal in besonderer Weise für jede Ehe.

Was aber macht eigentlich den sakramentalen Charakter der Eheschließung aus? Manches wird da immer noch missverstanden. Viele sind der Meinung, wichtig sind erst einmal die beiden Partner und zu deren Liebe kommt dann bei der kirchlichen Trauung die Gnade Gottes noch dazu. Dadurch werde die menschliche Verbindung unauflöslich. In der Folge heißt das aber: Das Ende einer Ehe kommt einer Zurückweisung, einem Bruch gleich, bzw. die Partner weisen mit diesem Schritt der Trennung die Gnade Gottes zurück. Das aber lässt sich theologisch nicht halten. Denn die Gnade Gottes kommt ja nicht von außen als etwas Drittes zur Liebe der beiden Partner hinzu. Es ist vielmehr so, dass da, wo sich zwei Menschen begegnen und lieben, darin die Nähe Gottes erfahrbar wird und zum Ausdruck kommt. Die Gnade Gottes zeigt sich in der liebenden Zuwendung der Eheleute. In einer solchen intensiven Beziehung zweier Menschen ist also die göttliche Nähe und Gnade erfahbar. Eine derartig innige Beziehung, in der Göttliches spürbar und erlebbar wird – sie ist also von Gott selbst verbunden –, darf nicht einfach vom Menschen getrennt werden. Sie ist unauflöslich.

Dennoch kann eine solche Beziehung auch enden; sie kann innerlich, geistlich sterben. Damit verliert sie allerdings auch ihre bildhafte Bedeutung für die Nähe und Anwesenheit Gottes. Darf man nun eine solche Beziehung nach außen hin, sozusagen gezwungenermaßen, fortführen?

Ich denke, das widerspricht allem, was wir von der Liebe Gottes wissen. In diesem Sinne wird eine Liebesbeziehung nicht einfach von außen getrennt oder beendet, sondern es geht hier lediglich um die Anerkennung und um die Feststellung, dass zwei Menschen schon längst beschlossen haben auseinanderzugehen – so wie umgekehrt eine kirchliche Trauung nur noch einmal bestätigt, dass da zwei Menschen schon länger in einer liebenden Verbindung zueinander stehen.

Natürlich können wir es den Menschen, deren Liebe sozusagen gestorben und deren Ehe in der Folge auseinandergebrochen ist, nur wünschen, dass sie vielleicht mit einem neuen Partner auch eine neue Erfahrung inniger Zuneigung und Liebe machen dürfen. Dabei können wir an Jesus sehr genau beobachten und feststellen, wie er mit solchen oder ganz ähnlichen Brüchen im Leben von Menschen umgegangen ist. Insofern kann und darf es auch vonseiten der Theologie kaum einen gerechte Begründung dafür geben, dass Menschen, die vielleicht schon lange in Scheidung leben, mit einem neuen Partner nicht auch eine zweite Ehe eingehen könnten. Für eine solche zweite Eheschließung sind die Voraussetzungen, bzw. die Bedingungen selbstverständlich die gleichen wie bei der ersten. Wichtigstes Kriterium muss auch hier die Ganzheitlichkeit der gelebten Beziehung sein:

- die Ehe besteht in guten und in bösen Tagen, in Gesundheit und Krankheit;
- in ihr vollzieht sich andauernde tiefe geistige und körperliche Begegnung;
- sie ist nicht zeitlich beschränkt, sondern hat ihre Gültigkeit bis zum Tod.

Selbstverständlich ist aber notwendige Voraussetzung, dass die frühere Verbindung innerlich zu einem guten Abschluss gekommen ist. Auch wenn wir wissen, was hier theologisch sinnvoll ist, bleibt es nach geltendem katholischen Eherecht nicht erlaubt. Selbst wenn man sagen kann, dass durch die liebende Verbindung von Mann und Frau eine zweite sakramentale Ehe de facto bereits geschlosssen wurde, so wird ihr doch durch die katholische Kirche die Anerkennung verweigert. Und man muss auch feststellen, dass wiederverheiratete Geschiedene immer noch als Christen behandelt werden, die aus der vollen kirchlichen Gemeinschaft herausgefallen sind (Verweigerung der Eucharistie etc.), obwohl Papst Franziskus diesbezüglich bereits gangbare Wege aufgezeigt hat.[67] Wenn eine Liebe zwischen zwei Menschen derart abgewertet wird, kann man nur feststellen, dass das mit dem Evangelium und den übrigen Schriften des Neuen Testaments nicht in Einklang zu bringen ist.

Wenn also die Schließung einer zweiten Ehe nach geltendem kirchlichen Eherecht zum jetzigen Zeitpunkt nicht möglich ist, auf der anderen Seite sich aber viele Geschiedene eine Segensfeier, die auch den Rahmen eines Gottesdienstes hat, für ihre neue Beziehung wünschen, dann sollten wir ihnen das auch ermöglichen. Eine solche Segensfeier sollte aber auch nicht verschweigen, woher sie kommt. Das heißt, die erste Ehe darf ruhig angesprochen und sollte nicht ausgeblendet werden und die konkrete Lebenssituation des jetzt neuen Paares darf ruhig aufgegriffen und thematisiert werden. Es ist deshalb wenig sinnvoll, einfach nur die Texte aus der allgemeinden „Feier der Trauung“ zu übernehmen.[68]

Neben der Liturgie der Trauung gibt es heute vielfältige Formen, in denen um den Segen und den Beistand Gottes in einer Partnerschaft gebeten wird. Das können auch ganz neue Formen sein. Dafür füge ich hier einige Beispiele an. Diese liturgischen Feiern bieten sich an, um – mit einigen Veränderungen und Anpassungen – in einer Segensfeier oder in einer gottesdienstlichen Feier eine neue Beziehung zu feiern, bzw. für diese zu danken:

- Besondere Ehesituationen[69]
- Segnung einer Familie[70]
- Verlobung[71]

Nachfolgend werden weitere Möglichkeiten benannt:

- Segnung eines Hauses[72]
- Segnung einer Wohnung[73]

---

67 Vgl. Papst Franziskus, Nachsynodales Schreiben Amoris laetitia über die Liebe in der Familie, 2016, Nr. 269-312

68 Vgl. Harald Schützeichel, Die Feier des Gottesdienstes, Patmos Verlag 1996

69 Ökumenische Segensfeiern. Eine Handreichung. Hrsg. Hanns Kerner und Eberhard Amon, 2. überarbeitete Neuauflage, Paderborn 2010, S. 40-47

70 Benediktionale, Nr. 51

71 Benediktionale, Nr. 55

72 Benediktionale, Nr. 59

73 Benediktionale, Nr. 60

Darüber hinaus gibt es im Benediktionale und in verschiedenen ökumenischen Segensfeiern Formulare für allgemeine Segnungen, die selbstverständlich – je nach Bedarf und Situation – angepasst werden können.
Immerhin gibt es aber schon eine ganze Reihe von Bistümern, die eigens entworfene Segensfeiern anbieten. Sie können mit Menschen gefeiert werden, für die nach einer Scheidung leider keine kirchliche Trauung möglich ist. Andererseits gibt es immer die Möglichkeit im Rahmen einer standesamtlichen Eheschließung Dankgebete oder Segensworte zu sprechen, bzw. zum Beispiel im Anschluss an die standesamtliche Feier einen Dankgottesdienst zu feiern. Eine solche Feier widerspricht nicht dem Kirchenrecht. Aber sie ist eine gute Möglichkeit, um in einer in vielerlei Hinsicht schwierigen Siuation für alle Beteiligten – für das Paar, die Familie, das Umfeld, auch für die Kirche und Seelsorger*innen – einen theologisch und seelsorglich akzeptablen Weg zu gehen. Das wird heute – Gott sei Dank – schon sehr oft praktiziert. Ziel allen Bemühens sollte es aber sein, dass wir solchen Segensfeiern im öffentlichen Leben der Kirche und der Gemeinden einen festen Platz einräumen. Das wäre für alle Beteiligten sehr entlastend.

Sowohl bei der Vorbereitung als auch in der Segensfeier selbst sollte darauf geachtet werden, die Lebenssituation der Partner aufzugreifen und zu würdigen. Immerhin ist sie der Grund für diese Form der Feier und das sollte man auf keinen Fall einfach verschweigen. Grundsätzlich geht es hier um eine wirkliche liturgische Feier. Diese Feierlichkeit darf man auch spüren und erleben, gestaltet mit entsprechender Musik, mit Zeichenhandlungen. Sie sollte an einem geeigneten Ort begangen werden – das muss nicht immer eine Kirche sein –, aber in jedem Fall mit Beteiligung einer Gemeinde. Selbstverständlich gehört dazu auch eine Predigt. Wie in anderen liturgischen Feiern und Gottesdiensten sollte auch auf unterschiedliche Rollenverteilungen geachtet werden, wie sie aus theologischen Gründen auch sonst für die Liturgie vorgesehen sind. Hier können natürlich auch Freunde und Bekannte des Paares oder Kinder befreundeter Paare berücksichtigt werden (Lesung, Fürbitten).

Da in einer solchen Feier ja immer die Gegenwart Gottes in der Partnerschaft, in der Beziehung, gefeiert werden soll, ist die Beteiligung der Mitfeiernden und des Paares in der Vorbereitung, vor allem bei der Auswahl von Liedern, Gedanken, Texten und Zeichenhandlungen besonders wichtig und dringend geboten.

Der Ort dieser Feier sollte klug überlegt werden. Er hängt natürlich von den beiden Partnern ab, aber sicher auch von der dazugehörenden Gemeinde. Denkbar ist sowohl ein häuslicher Rahmen, z. B. im Garten der Familie, oder auch im Rahmen der Segnung einer Wohnung oder eines Hauses. Selbstverständlich kann sie aber auch in einer Kapelle oder in der Kirche stattfinden.

Ein solcher Gottesdienst sollte in jedem Fall von einem hauptamtlichen Mitarbeiter durchgeführt werden. Das können pastorale Mitarbeiter*innen in der Gemeinde sein, das kann auch ein Diakon oder ein Priester sein. Damit wird auch die Bedeutung einer solchen Segensfeier für das Leben der Beteiligten wie auch für das gemeindliche und kirchliche Leben hervorgehoben.

Auch ein einzelnes Element ist selbstverständlich möglich – z. B. ein Dankgebet bei einer standesamtlichen Eheschließung. Das ist natürlich denkbar, in jedem Fall ist es theologisch akzeptabel und eventuell auch aus pastoralen Gründen geboten. Soll aber ein Gottesdienst gefeiert werden, dann sollte die Feier immer auch den Ansprüchen einer guten Liturgie genügen: ein Bibelwort, Gebete, Fürbitten und der persönliche Segen sind dann unverzichtbar. Auch ensprechende Zeichenhandlungen, wie etwa die Segnung einer Kerze oder die Segnung von Ringen einschießlich des Besprengens mit Weihwasser, sind möglich und wünschenswert. Die Feier sollte immer mit einem Segensgebet über das Paar und alle Anwesenden abgeschlossen werden.

Segensfeiern für gleichgeschlechtliche Paare

Drei Modelle

Es ist was es ist, sagt die Liebe[74]

Eröffnung

Wir beginnen diesen festlichen Gottesdienst im Namen + des Vaters und des Sohnes und des Heiligen Geistes. Amen. Gott ist unendliche Liebe. In Jesus Christus hat er uns gezeigt, was Liebe möglich macht. Das Feuer der Liebe ist der Heilige Geist. Er treibt uns an, wenn wir einander Liebe schenken. Der Gott der unendlichen Liebe, er sei mit euch.

Eingangslied

Liebe(r) N. und liebe(r) N., liebe Eltern, Geschwister, Verwandte und Freunde,[75]
Ihr habt diese Feier überschrieben mit einem Wort von Erich Fried: „Es ist was es ist, sagt die Liebe …" Ja, genauso ist es. Ihr beide, N. und N., liebt einander. Und ihr seid gekommen, um den Segen Gottes zu erbitten, weil ihr miteinander leben und füreinander Verantwortung übernehmen wollt. Ihr habt eure Freunde und eure Familien eingeladen, weil es euch wichtig ist, dass sie euch in eurem Miteinander begleiten. Euch beide und Sie alle darf ich zu diesem Gottesdienst herzlich begrüßen.
Ich freue mich sehr, dass ihr beide euch mit eurer Liebe unter den Segen Gottes stellen wollt und dass ihr in diese Kirche gekommen seid, um mit Gottes Segen euren Weg weiter zu gehen. Als Christen seid ihr hier, weil ihr wisst, dass ihr für euer gemeinsames Leben mehr braucht, als ihr euch selbst geben könnt.

---

74 Erich Fried, Es ist was es ist: Liebesgedichte Angstgedichte Zorngedichte, Wagenbach Klaus GmbH 1996

75 Im folgenden habe ich einige Anregungen von der Ökumenischen Arbeitsgruppe Homosexuelle und Kirche (HuK e.v.) übernommen: www.huk.org/themen/segnung-trauung/101-entwurf-aus-der-regionalgruppe-muenchen

Liebe(r) N., liebe(r) N.,wir nehmen teil an eurer Freude und wir sind mit euch im Dank an Gott und in der Bitte um seinen Segen verbunden. So wollen wir zu Beginn dieser Feier einen Text von Erich Fried hören und dann unseren Herrn um sein Erbarmen bitten.

Kyrie[76]

Es ist Unsinn
sagt die Vernunft
Es ist was es ist
sagt die Liebe

Es ist Unglück
sagt die Berechnung
Es ist nichts als Schmerz
sagt die Angst
Es ist aussichtslos
sagt die Einsicht
Es ist was es ist
sagt die Liebe

Es ist lächerlich
sagt der Stolz
Es ist leichtsinnig
sagt die Vorsicht
Es ist unmöglich
sagt die Erfahrung
Es ist was es ist
sagt die Liebe

Wir rufen:
Herr, erbarme dich.
Christus, erbarme dich.
Herr, erbarme dich.

76 Erich Fried, a. a. O.

Der Herr erbarme sich unser,
er nehme von uns alles,
was uns von ihm und voneinander trennt,
und er führe uns zum ewigen Leben.

Gloria

Gebet

Guter Gott, es ist schön,
dass N. und N. sich begegnet sind.
Sie gehören zusammen und sie lieben sich.
Die beiden vertrauen darauf,
dass du ihrem gemeinsamen Leben
Sinn und Zukunft schenkst.
Begleite sie auf ihrem Weg
und sei ihnen nahe in allen Entscheidungen,
in Höhen und Tiefen, in Glück und Unglück.
Darum bitten wir dich im Namen Jesu,
unseres Bruders und Herrn.

Evangelium

Lk 24, 13-35

Antwortgesang

Predigt[77]

Liebe(r) N. und liebe(r) N., liebe Schwestern und Brüder, wir Katholiken haben einen Weltkatechismus. Und in dem ist alles zusammengefasst, was als verbindliches Glaubensgut der Kirche zu gelten hat. Dieser Katechismus soll – in verschiedene Sprachen übersetzt – eine einheitliche und verbindliche Zusammenfassung des Glaubensgutes bewahren helfen.

Über Sinn und Nutzen eines solchen Werkes kann man verschiedener Meinung sein. Vielleicht ist so etwas notwendig. Ich verspreche mir jedoch nicht viel davon für eine Verlebendigung des Glaubens an die kommenden Generationen. Es wird uns mit diesem Katechismus kaum anders gehen als den Emmaus-Jüngern. Die wissen ja im Grunde über den Glauben Bescheid: dass Jesus einer war, der vor Gott und den Menschen viel galt. Er war ein Prophet. Sie wissen, was er alles gesagt und getan hat. Sie wissen, dass er gekreuzigt wurde, sie wissen vom leeren Grab, wissen sogar von der Osterbotschaft der Engel. Im Grunde wissen sie alles, was man über Jesus wissen kann. Und doch ist für sie noch nicht Ostern geworden.

Ja, sie wissen alles, was man von Jesus wissen kann – wie sicher auch einige von uns – und wie es in vielen Katechismen steht, zum soundsovielten Mal gedruckt und nachlesbar. Aber bei all dem Wissen bleibt Jesus totgesagt. „Wir aber hatten gehofft …" Auch mancher von uns wird vielleicht sagen: Ja, ich hatte auch einmal gehofft – wie bei den Emmaus-Jüngern. Wir dürfen davon ausgehen, dass der Verfasser des Evangeliums keine besonderen biographischen Interessen verfolgt hat. Ihm ging es nicht darum, von diesen beiden Jüngern eine nachösterliche Begebenheit festzuhalten. In dieser Geschichte ist vielmehr exemplarisch die Situation der Kirche nach Ostern in eine Erzählung verpackt worden: Bei allem Wissen von Jesus bleibt er doch tot, ist er

[77] Einige Anregungen zu dieser Predigt habe ich entnommen aus: https://www.radiopredigt.ch/wp-content/uploads/2017/01/radiopredigt20080713kath.pdf

Vergangenheit. Auch lange nach dem Osterereignis bleiben wir – wie diese beiden – vorösterliche Menschen; Menschen, die noch nicht zum lebendigen Glauben gefunden haben. Man kann von Jesus alles wissen, was es zu wissen gibt, und doch wird er in uns nicht lebendig.
Aber, so frage ich, wie finden die beiden in unserer Geschichte zum Osterglauben? – Sie werden letztlich dahin geführt von jemand anderem. Aber was sie selbst tun, ist dies: Sie sprechen miteinander über alles, was sie bewegt. Sie tauschen ihre Ratlosigkeit und ihren Zweifel aus. Sie sprechen über die Ungereimtheiten und Ängste. In diesen beiden Männern begegnen uns Menschen im Gespräch miteinander. Ist das ein Kennzeichen und die Grundsituation der Kirche, dass Menschen im Gespräch miteinander sind? Auf die Frage: „Was ist die Kirche?“ sagen wir im Allgemeinen: eine Glaubensgemeinschaft. Das ist richtig. Aber wäre es vielleicht mit dem Glauben in dieser Kirche besser bestellt, wenn Menschen auf die Idee kämen, zu sagen: Kirche, das ist eine Gesprächs- und Erzählgemeinschaft? Kirche, das ist dort, wo Menschen über ihre Hoffnungen und Enttäuschungen miteinander im Gespräch sind, wo die Ungereimtheiten und Herausforderungen zur Sprache kommen im Licht des Glaubens. Die Kirche als Ort des Gesprächs, des Suchens, des Fragens und des Austausches miteinander! Eine solche Kirche wäre vielleicht eine Einladung für viele Menschen!
Ich meine damit nicht eine Kirche, in der alles infrage gestellt wird. Es geht nicht um die distanzierten Fragen, nicht um ein Infrage stellen, das alles auflöst und zerstört. Es geht vielmehr um die Fragen, die uns Menschen bewegen und erschüttern – wie bei den Beiden von Emmaus. Es geht darum, dass über all das gesprochen wird, was wir erfahren und was uns widerfährt, was uns lähmt und was uns in Bewegung bringt. Fragen, die Menschen auf den Weg bringen. Im Glauben – so wie wir das oft erleben – ist von Festzuhaltendem und damit von „Standpunkten“ die Rede. Die Kirche derer von Emmaus ist aber eine Kirche, in der es weniger um Standpunkte geht, die zu verteidigen sind. Da kommen Menschen miteinander auf den Weg. Das Ur-Wort für Glauben heißt nicht „etwas festhalten“, sondern „nachlaufen“,

nachfolgen, in die Fußstapfen treten, sich auf den Weg machen. Die Kirche derer von Emmaus ist eine Kirche der Weggemeinschaft, wo Menschen „in die Gänge kommen“ und sich gemeinsam auf den Weg machen. Wo sie neben dem, was sie von Jesus wissen, immer auch das wissen, was sie bewegt oder was sie an ihm nicht verstehen, was fraglich, ärgerlich oder unverständlich ist. Und das geschieht vor allem dann, wenn sie es mit den eigenen Glaubenserfahrungen und dem eigenen Erleben zusammenbringen.
Noch ein letztes zu unserer Geschichte: Die Stelle, wo Jesus sich einmischt, ist das Gespräch und der Weg. Er geht mit, hört zu und mischt sich ein. Es scheint so zu sein, dass da, wo Menschen miteinander unterwegs sind und wo sie mit offenen Fragen leben, der Ort ist, wo Gott „dazwischen kommt“. Wenn einer nur redet und nicht mehr hört, nicht mehr zuhört, – wenn einer auf Standpunkten verharrt und sie verteidigt, dann sagen wir: „Da kommst du nicht dazwischen.“ So scheint es auch Gott zu gehen. Er kann sich nur einbringen, er kann sich nur ins Spiel bringen bei Menschen, die noch unterwegs sind, die noch offen sind, im Gespräch miteinander. Wo einer sich ganz auf sich allein zurückzieht, oder wo immer schon alles klar ist, da gibt es auch für Gott kein Dazwischenkommen. „Als wir im Gespräch waren, … da brannte uns das Herz, weil er mit uns redete und uns den Sinn erschloss …“ Im austauschenden Gespräch miteinander und in der Weggemeinschaft erschließt Jesus den beiden Jüngern – und uns – das Geheimnis seines Lebens und den Sinn unseres Weges. Da wird das, was die Jünger, was wir längst wissen, was wir längst im Kopf haben, bewegend und belebend, und zwar so, dass der Glaube lebendig wird und Menschen darin aufblühen und neues Leben entdecken.
Liebe(r) N. und liebe(r) N.,nun feiern wir in diesem Gottesdienst euer Versprechen und ich darf euch dafür und für euer gemeinsames Leben den Segen Gottes zusprechen. Ich finde es ganz spannend, dass es damals wahrscheinlich zwei Männer waren, die da miteinander unterwegs waren. Umgekehrt fällt es mir aber ganz sicher nicht schwer, mir vorzustellen, dass da zwei Frauen auf dem Weg nach Emmaus

waren. Und so höre ich aus dieser Geschichte vier Botschaften für euch beide heraus:

1. Mit diesem Versprechen, das ihr euch geben wollt, tretet ihr miteinander in ein lebenslanges Gespräch ein. Das bedeutet natürlich nicht, dass ihr jetzt ständig reden sollt. Ich denke, man sollte miteinander auch die Stille aushalten können. Dennoch halte ich es für wichtig, dass ihr über eure Erfahrungen miteinander sprecht. Auch über euren Glauben dürft und sollt ihr euch austauschen – und hört aufeinander, aber sprecht euch einander auch Gutes zu. Gewiss dürft ihr auch über eure Ängste, eure Sorgen, eure Fragen miteinander sprechen, aber ihr solltet auch über das sprechen, was euch Mut macht, was euch beflügelt. Das miteinander zu teilen, ist wichtig. So verstanden ist euer Ja zueinander bestimmt kein Schlusswort, sondern es ist der Beginn und die Besiegelung einer lebenslangen Gesprächsbereitschaft.
2. Ihr geht eine Weggemeinschaft miteinander ein. Das Wort Lebensgefährtin oder Lebensgefährte ist in unserer Gesellschaft mittlerweile sehr etabliert. Eure Verbindung meint ja genau das: Lebens- und Weggefährtin (bzw. Weggefährte) sein. In diesem Sinne wünsche ich euch, dass ihr miteinander an kein Ende kommt, solange ihr lebt! Dass ihr eure Partnerschaft immer wieder als ein neues Miteinander-Aufbrechen und ein gemeinsames Sich-auf-den-Weg-Machen leben könnt.
3. In jeder Partnerschaft geht es darum, dass Gott „dazwischenkommen“ kann. Lasst deshalb Raum zwischen euch, – Spielraum – wo ihr euch selbst ins Spiel bringt. Lasst Raum zwischen euch sein, dass ihr euch immer neu aufeinander zu bewegen könnt. Das ist nicht möglich, wo Menschen ineinander verkrallt sind oder aneinanderkleben. Lasst zwischen euch Raum sein auch für andere. Man kann zu zweit als Paar auch ausgrenzend wirken – wie eine „geschlossene Gesellschaft“. Lasst vielmehr Raum, der einladend wirkt. Ja, lasst auch Raum sein zwischen euch, wo Gott sich einmischen, wo er sich ins Spiel bringen kann. Er scheint sich uns vor allem auch dort zu Gehör zu

bringen, wo wir aufeinander hören und unsere jeweiligen Lebens- und Glaubenserfahrungen austauschen.

4. Die Jünger von Emmaus brechen in ihrer Glaubenserfahrung neu auf nach Jerusalem. Sie gehen in die Stadt, an den Ort, wo die Menschen leben. Für die Bibel ist Jerusalem der Ort des Heiles. Er ist der Ort, wo das Kreuz aufgerichtet wird – und gleichzeitig der Ort, wo Tränen abgewischt, wo der Tod überwunden, wo Trauer und Klage überflüssig werden und alle Mühsal beseitigt, ja, wo der Tod bewältigt wird. Jerusalem als Ort des Kreuzes und als Bild des Himmels, als Bild traumhafter Zustände: Stadt Gottes, wo er selbst in unserer Mitte ist. Diese Stadt ist das Ziel unseres Weges. Es geht darum, dass wir zu ihr „in die Gänge kommen". Es geht darum, dass wir etwas und uns selbst in Bewegung bringen auf diese von Gott verheißene Stadt hin.

Damit ist unsere gesellschaftliche Verantwortung angesprochen. Es geht wohl auch in einer Partnerschaft nicht um den Himmel auf Erden oder einen Himmel zu zweit. Ich wünsche euch beiden, dass eure Verbindung euch selbst eine Ermutigung wird, zu einer Weggemeinschaft im gemeinsamen Engagement auf die Stadt hin, die uns von Gott verheißen ist, die aber schon jetzt unter uns, in unserer Gesellschaft entstehen soll. Amen.

Lied

Glaubensbekenntnis

Ich glaube an einen Gott, der größer ist als unsere Zweifel.
Ich glaube an einen Gott, der uns so liebt, wie wir sind,
mit all unseren Stärken und Schwächen.
Ich glaube an das Gute im Menschen und daran,
dass die Liebe den Hass überwinden kann.
Ich glaube an einen Gott, der uns immer wieder verzeiht
und der uns jederzeit mit offenen Armen empfängt.
Als Zeichen der Hoffnung und Versöhnung

hat er seinen Sohn Jesus Christus in die Welt geschickt,
daran glaube ich.
Ich glaube, dass Gott mich persönlich sieht
und mein ganzes Leben lang begleitet.
Wenn ich Gott auch nicht sehe, so kann ich Gottes Nähe
immer wieder erahnen:
in manch liebevoller Geste,
in einer zur Hilfe gereichten Hand,
im guten Wort eines Freundes,
im Lachen der Kinder.
Ich glaube, dass ich unter den Menschen nie einsam bin,
denn ich stehe in der großen Gemeinschaft der Kirche.
In ihr wirkt Gottes Geist.
Ich glaube an einen Gott, der in Angst und Trauer,
Einsamkeit und Verzweiflung bei mir ist
und mich hält und trägt
– das ganze Leben und darüber hinaus.
Ich glaube, dass Gott mich auch im Tod nicht verlässt
und zu neuem Leben führt. Amen.

Versprechen
Die beiden Partner(innen)
kommen dazu nach vorne.

Liebe(r) N.,
ein Leben lang will ich dir treu sein,
und ich will immer ehrlich sein zu dir.

Ich werde dich respektieren
und dir vertrauen, dir helfen, dir zuhören
und für dich sorgen.

Alles, was mein Leben ausmacht, will ich mit dir teilen,
alle Bereicherung und alles, was uns fehlt.

Ich werde dir vergeben,
wie uns beiden vergeben wurde.

Lass uns versuchen zu ergründen,
wie es mit uns, mit dieser Welt und mit Gott steht,
damit wir gemeinsam
für unsere Mitmenschen da sein können,
und Gott der Dritte wird in unserem Bund.

Persönlicher Segen: Der Zelebrant streckt seine Arme über beide aus.

N. und N.,
Ihr beide habt euch vorgenommen,
gemeinsam den Weg durchs Leben zu gehen.
Ihr wollt einander achten und füreinander sorgen.
Ihr wollt euch gegenseitig helfen und einander stützen.
Ihr wollt einander beistehen,
auch dann, wenn schwere Zeiten anbrechen.

Gottes Segen sei mit euch.
Er stärke euch in eurer Liebe zueinander
und helfe euch, einander treu zu sein.
Gott beschütze eure gemeinsamen Wege.
So segne euch Gott,
+ der Vater und der Sohn und der Heilige Geist. Amen.

Lied oder Gesang

Fürbitten

Gott, du segnest die Gemeinschaft zwischen Menschen. So bitten wir dich um deinen Segen für N. und N. und rufen zu dir:

Wir bitten Dich, dass du N. und N. schützend auf ihrem Weg begleitest. „Es ist nicht gut, dass der Mensch allein sei“, sagst du. Lass sie im Vertrauen auf ihre Liebe und mit Zuversicht ihren Weg gemeinsam gehen. Dafür bitten wir dich um deinen Beistand. – Gott, unser Vater:

Alle: Wir bitten dich erhöre uns.

Wir bitten, dass der Lebensbund dieser beiden glücklich und voller Liebe sein möge. Stärke und führe dieses Paar in guten wie auch in schlechten Zeiten. Und wir bitten dich für alle Paare: Zeige ihnen, dass ihre Liebe keine Selbstverständlichkeit ist, sondern ein Geschenk. – Gott, unser Vater ...

N. und N. erbitten von dir heute einen besonderen Segen. Wir bitten dich aber auch um Segen für die Gemeinschaften, in denen wir leben: Hilf, dass jede und jeder seinen Platz findet. Gib, dass wir die Verschiedenheiten untereinander akzeptieren; dass wir einander annehmen, wenn wir immer mehr entdecken, wie sehr uns die Vielfalt unserer Lebensformen bereichert. – Gott, unser Vater ...

Wir bitten für alle, die N. und N. auf ihrem bisherigen Lebensweg begleitet haben, für ihre Eltern, die ihnen das Leben gaben, für ihre Familien, in denen sie aufwuchsen, für alle, die ihnen in Freundschaft verbunden sind. Lass sie weiterhin den Weg der beiden mit Sympathie und Hilfsbereitschaft begleiten. – Gott, unser Vater ...

Ganz besonders möchten wir für unsere verstorbenen Verwandten und Freunde beten, mit denen wir gerne heute feiern würden – aber die viel zu früh von uns gegangen sind. Besonders beten wir für … – Gott, unser Vater ...

Gott, deine Liebe zu uns ist unendlich groß. Und du schenkst uns mehr als wir zu erbitten und zu hoffen wagen. Wir vertrauen darauf, dass du alles zum Guten führst und dass wir stets in deiner Liebe geborgen sind. Dafür danken wir dir und darum bitten wir dich, durch Jesus Christus, unseren Bruder und Herrn. Amen.

Zum Vaterunser

Liebe(r) N., liebe(r) N., wenn bei euch der Alltag wieder eingekehrt ist, dann werdet ihr auch immer wieder vergebungsbedürftig sein. Mit dem Vaterunser wollen wir Gott bitten, dass er uns allen die Bereitschaft schenke, immer wieder zu vergeben. Wir wollen Gott aber auch bitten, uns die eigenen Fehler und Schwächen nachzusehen. So lasst uns miteinander beten, wie Jesus selbst gebetet hat: Vater unser ...

Lied

Gebet

Treuer Gott, wir danken dir für deine Nähe und die Liebe,
die uns miteinander verbindet.
N. und N. haben sich heute Liebe und Treue versprochen.
Bleibe bei ihnen und lass ihre Liebe zueinander wachsen.
Das erbitten wir durch Jesus Christus,
unseren Bruder und Weggefährten,
der mit dir und im Heiligen Geist wirkt und mit uns geht
alle Tage unseres Lebens.

Segen

Gott behalte eure Namen fest in seine Hand geschrieben.
Mit seiner Liebe umfange er euch, wo immer ihr seid,
wo immer ihr sein werdet.
Er helfe euch, all das zu entdecken,
was euch an Talenten geschenkt wurde
und lasse euch unverwechselbar sein
und mit niemandem zu vergleichen.
Mit seinem Rückenwind und seinem langen Atem
werdet ihr euren eigenen Weg finden.
Gott wird bei euch sein, auch auf den Umwegen,
die ihr vielleicht gehen werdet, um euch zu finden.

Er wird an eurer Seite sein, verlasst euch drauf,
er hält sein Wort.
Er fordere euch heraus, immer mehr Mensch zu werden
nach dem Bild seines Sohnes.
Er schütze euch
vor allen selbst ernannten Götzen und Göttern
und wecke in euch ein hellwaches Gewissen.
Tolerant lasse er euch sein und fähig,
anderen zuzuhören.
Viel Geduld schenke er euch.
Mit anderen und mit euch selbst.
Gott, der Ewig-Treue, behüte euer Leben.
So segne euch der gütige Gott,
+ der Vater und der Sohn und der Heilige Geist.

Schlusslied

Auszug: Orgelspiel

DELRID
1
892

Verbunden und frei

Eröffnung

Lasst uns gemeinsam diesen Gottesdienst beginnen:
Im Namen + des Vaters und des Sohnes und des Heiligen Geistes. Amen.
Jesus Christus, der uns einlädt zur Liebe und zur Treue, er sei mit euch.

Eingangslied

Liebe(r) N und liebe(r) N., liebe Eltern, Geschwister, Verwandte und Freunde,
Wir haben uns heute auf den Weg hier in diese Kapelle gemacht, um für euer gemeinsames Leben um Gottes Segen zu bitten. In der Vorbereitung auf heute habt ihr mir erzählt, dass ihr beim Kennenlernen ein gemeinsames Hobby entdeckt habt, dass euch neben vielem anderen auch miteinander verbindet – und das ist das Bergwandern. Passend dazu habe ich euch eine Einstimmung von Pfarrer Helmut Herberg mitgebracht. Sie lautet:
„Unten am Fuß des Berges kam ich mir klein und winzig vor. Ich dachte an den langen Weg:
viereinhalb Stunden bergauf marschieren mit Rucksack und Bergschuhen. Aber wir waren ja zu fünft. Einer hat den anderen ermutigt, einer hat auf den anderen gewartet. Jeder war Erster und Letzter. Fast gleichzeitig kamen wir oben an, müde und froh, ein Verstehen ohne viele Worte. Die Begegnung mit dem Berg hat uns einander nähergebracht. Wir sind ungezwungener, spontaner, herzlicher, so, als wäre manches im Tal geblieben; so, als wäre der Weg auf den Berg der Weg zu den Menschen.“[78]

---

[78] https://www.yumpu.com/de/document/read/23629689/am-berg-jakobsweg

Liebe(r) N., liebe(r) N., es ist schön, dass so viele Verwandte und Freunde gekommen sind, um euch zu begleiten und mit euch zu feiern und diesen Tag mit euch gemeinsam zu erleben.
Euch beide und Sie alle darf ich herzlich begrüßen. Wir nehmen teil an eurer Freude, und wir sind heute an diesem Tag und darüber hinaus mit euch beiden verbunden – auch im gemeinsamen Gebet.
So wollen wir jetzt unseren Herrn Jesus Christus in unserer Mitte begrüßen und ihn bitten, dass er euch auf eurem gemeinsamen Weg begleite. Wir erbitten seine Hilfe und sein Erbarmen für euer gemeinsames Leben.

Kyrie

Herr, lass uns aus der lebendigen Gemeinschaft
mit dir die Kraft für unseren Alltag schöpfen.
Lass uns lebendige Zeichen deines Handelns,
Ikonen deiner Gegenwart sein
inmitten einer zerrissenen Welt. - Herr, erbarme dich.

An der Liebe, die wir füreinander haben,
lass die Menschen erkennen,
dass wir deine Jüngerinnen und Jünger sind.
Hilf uns, die Last der andern tragen zu helfen;
so konkret wie möglich
und so gut wir können. - Christus, erbarme dich.

Herr, wo Streit ist, da hilf uns Frieden zu stiften
und zur Entspannung beizutragen.
Gib, dass wir lernen, uns selbst zu lieben,
damit wir unsere Schwestern und Brüder
aufrichtiger und inniger lieben können. - Herr, erbarme dich.

Lasst uns den Herrn mit unserem Lied loben und preisen.

Gloria

Gebet

Vater, wir danken dir,
dass du N. und N. zueinander geführt hast.
Sie lieben einander,
sie wollen ihr Leben miteinander teilen
und füreinander da sein.
Segne, begleite und leite sie auf ihrem gemeinsamen Weg.
Schenke ihnen in ihrem Leben Freude
und Zuversicht im Heiligen Geist.
Darum bitten wir durch Christus,
unseren Bruder und Herrn.

Lesung[79]
Ich bin frei – eine Bergsteiger-Geschichte

Ich beobachtete die beiden Bergsteiger,
die schon seit geraumer Zeit gewissenhaft und bedächtig
ihre Ausrüstung überprüften.
Jeder Griff saß, und ich hatte das Gefühl,
dass dies für beide zwar Routine war,
ihnen jedoch Freude bereitete.
Sie prüften Karabiner, knoteten Seile,
hängten Ausrüstungsgegenstände an ihre Gürtel
und zurrten ihre Körpergurte fest – jeder für sich.
Zu guter Letzt hängten sich beide
ein langes, schweres Seil um,
mit dem sie beide verbunden waren.

„Entschuldigen Sie!",
fragte ich einen der beiden Bergsteiger:
„Fühlen Sie sich frei?"
„Frei? – wie meinen Sie das?"
„Ich meine: frei, sich ungehindert bewegen zu können.

79 https://www.ein-unvergesslicher-tag.de/lesungen-zur-hochzeit/weltliche-texte/ich-bin-frei/

Frei – das Leben zu genießen.
Frei – um schnell vorwärts zu kommen.
Ich meine: Frei!
Nicht gegenseitig verknotet, zusammengebunden,
und eine schwere Last tragen zu müssen!“

Der eine Bergsteiger blickte den anderen an,
und seine Antwort, so kam es mir vor,
war die Antwort beider:
„Wissen Sie“, sagte er, „da wollen wir hinauf!“
„Wissen Sie“, fuhr er fort,
„wir wollen einen besonderen Weg gehen,
und wir möchten beide neue Horizonte sehen!

Knoten, die festsitzen, Karabiner, die halten
und Gurte, die belastbar sind,
haben wir uns sorgfältig gemeinsam ausgesucht.
Genauso wie die Länge und das mögliche Gewicht
des Seiles,
mit dem wir beide in ebenem Gelände locker,
aber, wenn es darauf ankommt, sicher verbunden sind
– wenn Klippen zu überwinden sind,
wenn Abgründe drohen, wenn wir in steiler Wand hängen.

Das Seil erst lässt uns Wege gehen,
die wir uns alleine nicht zutrauen würden,
die wir alleine nie genießen könnten.
Erst das Wissen
um unsere sichere und feste Verbindung
macht uns frei.

Antwortgesang

Evangelium

Joh 15, 12-17

Predigt[80]

Liebe(r) N. und liebe(r) N., liebe Schwestern und Brüder, das Evangelium, dass wir gerade gehört haben, zeigt uns, dass wir hineingenommen sind sind in die unendliche Liebe Gottes. Wir sind Teil von ihr. Vielleicht fragt ihr euch: Woran kann ich das erkennen, wie spüre ich das?

- Wenn ich erlebe, dass ich wertgeschätzt werde; wenn da jemand ist, der mich mag.
- Wenn ich mitbekomme, dass mich andere unterstützen und mir helfen. In kleinen Dingen genauso wie in großen Schwierigkeiten und Krisen. Wenn Menschen auf mich zukommen und mich fragen, was sie für mich tun können oder einfach fragen, wie es mir geht.
- Da, wo ich das Wohlwollen anderer spüre, wenn sie meine Fehler zwar wahrnehmen, sie aber nicht an die große Glocke hängen. Und wenn meine Mitmenschen erkennen, dass sie selbst auch nicht fehlerfrei sind und über jeden Zweifel erhaben. So spüre ich: Auch wenn ich manchmal seltsam bin – ich bin geliebt und angenommen.
- Manchmal kann ich sogar erleben, dass es Menschen gibt, die für mich ein Opfer bringen. Sie untersützen mich in ihrer Freizeit oder stellen sich bewusst hinter mich; sie halten zu mir und weisen diejenigen zurecht, die Falsches von mir behaupten und Gerüchte verbreiten.

Da, wo Menschen versuchen, die Liebe Gottes weiterzuschenken, kann man gut leben. Da haben Neid, Hass und Unfriede keinen Platz. Da zählt der Andere mehr als ich selbst. Da sind meine Mitmenschen wertvoll – einfach so. Und da spielt es auch keine Rolle, ob der andere mir „nützlich“ sein kann.

---

80 Einige Anregungen für diese Predigt verdanke ich der Internetseite Pastors-Home, Predigten, Andachten, Humor und Pfarrer-Blog von Alexander Seidel, Predigt: Gottes Schokoladenbrunnen voller Liebe (Joh 15,9)

Liebe(r) N., liebe(r) N., klingt das alles jetzt zu sehr nach heiler Welt. Ist das vielleicht zu rosarot gemalt, zu ideal? Sicher: Auch wir Christen sonnen uns nicht ständig in der Liebe Gottes und in der Liebe zueinander. Manchmal klappt das ganz gut, aber manchmal eben auch nicht. Wir kennen alle die verschiedenen Beispiele, wo es uns wirklich gut geht miteinander; wo wir das Wohlwollen und die Nächstenliebe fast mit den Händen greifen können; wo uns ein Mitmensch einfach gutgetan oder unterstützt hat; oder wo wir selbst mit Herz und Hand helfen konnten; wo es uns gelang, einen Mitmenschen wertzuschätzen oder ihm einfach etwas Liebe zu schenken.

Natürlich gibt es auch die Gegenbeispiele: wo wir erkennen mussten, dass uns ein anderer Mensch übel mitspielt. Oft genug kommt da eben von der Liebe Gottes, von der wir Zeugnis geben und die wir weiterschenken sollen, nicht viel rüber. Auch wir selbst müssen zugeben, wie lieblos und herzlos, wie unbarmherzig und böswillig wir manchmal denken, reden und handeln – und zwar ganz bewusst und vorsätzlich.

Ja, manchmal schenken wir uns eben *nicht* – darum gibt es in diesem Johannes-Evangelium noch einen zweiten Teil. Und der lautet: „Wenn ihr meine Gebote haltet, so bleibt ihr in meiner Liebe, wie ich die Gebote meines Vaters gehalten habe und in seiner Liebe bleibe. (…) Das ist mein Gebot, dass ihr euch untereinander liebt, wie ich euch liebe.“ – Von Geboten ist da die Rede, und die regeln die Liebe.

Jesus beschreibt da etwas, das eigentlich recht logisch klingt: Ihr müsst euch einfach an die Gebote halten, dann bleibt ihr immer auch in der Liebe Gottes. Jesus sagt uns das in aller Deutlichkeit: „Ich habe euch das vorgelebt und ihr könnt das ebenso! Macht es so wie ich!“

Jetzt können wir uns natürlich die Frage stellen: Wieso braucht es dafür Gebote oder Regeln? Ist es wirklich nötig, für die Liebe Regeln aufzustellen? Ist das nicht seltsam? Die Liebe ist doch eigentlich der Bereich, wo eine große Freiheit herrschen sollte, und da kommt es dann halt auch manchmal zu Grenzüberschreitungen. Das ist doch völlig normal! Wir sprechen ja auch von der „grenzenlosen

Liebe“! Ich denke, es kommt wohl darauf an, wie die Regeln aufgestellt und gemacht sind. Die Gebote, die wir aus der Bibel kennen, wollen uns ja nicht einschränken oder einengen, sondern sie wollen uns frei machen für die Liebe.
Genau an dieser Stelle kommt mir die Bergsteigergeschichte, die wir gehört haben, in den Sinn. Die beiden sind verbunden durch ein gemeinsames Seil. Sie fühlen sich dadurch nicht eingeengt, sondern sie fühlen sich sicher. Am Ende der Geschichte kam dann diese wunderbare Erklärung: „Das Seil erst lässt uns Wege gehen, die wir uns alleine nicht zutrauen würden, die wir alleine nie genießen könnten. Erst das Wissen um unsere sichere und feste Verbindung macht uns frei.“

Liebe(r) N., liebe(r) N., das Bergwandern verbindet euch – es ist ein gemeinsames Hobby geworden. Schön fand ich, wie ihr mir bei unserem Gespräch erzählt habt, dass ihr selten streitet. „Noch ist es selten“, habt ihr dann lachend ergänzt und ihr seid euch sicher, dass ihr auch in schweren Zeiten zueinanderstehen werdet. Vielleicht ist das ja genau diese symbolische Verbindung des Seiles zwischen euch, das geknüpft wird, ja, das vor allem auch heute geknüpft wird, indem ihr euch Treue und Respekt versprecht: „Ich werde dich respektieren und dir vertrauen, dir helfen, dir zuhören und für dich sorgen.“ Das wollt ihr nachher versprechen. Und das ist nun doch wirklich ein Karbinerhaken, der Sicherheit gibt; das ist ein Gurt, der nicht so schnell reißt und der festen Halt gibt.
Auch die Gebote und Regeln, von denen Jesus spricht, geben Sicherheit. Sie sind wie feste Gurte, die nicht reißen, wie Karabinerhaken, die fest sitzen. Sie schützen unsere Liebe, sie geben ihr festen Halt und sie zeigen auch die Grenzen auf. Auch wenn wir einander lieben, dürfen wir nicht alles. Und wir dürfen bitte auch nicht alles als Liebe verkaufen, wo in Wahrheit Egoismus und die eigene Befriedigung dahinter stehen. Jesus macht deutlich, dass eben nicht alles, was wir tun, mit Liebe zu begründen ist. Da lässt sich manches nicht vereinbaren. Wir wissen, wie toll, wie machtvoll

und wie stark die Liebe sein kann, aber sie ist auch verletzlich und muss geschützt werden.
Und ein letzter, wichtiger Gedanke: Jesus sagt sehr klar und deutlich: „Das ist mein Gebot: Liebt einander so, wie ich euch geliebt habe!“ – Vielleicht denken wir: Liebe lässt sich doch nicht verordnen oder befehlen. Jesus sagt uns an dieser Stelle etwas anderes: „Oh doch! Du sollst lieben. Das ist ein klarer Auftrag an dich!“ Dazu möchte ich sagen: Das hat nichts mit romantischer Liebe zu tun. Die kennt ihr hoffentlich auch. Aber wir hören doch immer wieder in den Worten der Bibel, wie Jesus die klare Ansage macht: „Liebe deinen Nächsten wie dich selbst!“ Das ist der Auftrag Jesu und das ist der Auftrag, den uns die Bibel immer wieder vor Augen stellt: „Du sollst deinen Nächsten lieben wie dich selbst!“ Da bist du als Mensch und vor allem als Christ gemeint. Christ sein und lieben – das ist deine Stellenbeschreibung!
Ja, es geht darum den Nächsten zu lieben! Nicht die Gutaussehenden, die Erfolgreichen, die Angesehenen, die Sympathischen. Nicht diejenigen, die schon über tausend Freunde bei Instagram, bei Facebook oder in anderen sozialen Netzwerken haben. Nicht diejenigen, bei denen das Helfen so richtig Spaß machen würde. Nein – du sollst deinen Nächsen lieben. Also den, der gerade in deinem Leben auftaucht, dem es vielleicht nicht gut geht und bei dem du das Gefühl hast: Da ist jetzt Liebe angesagt.

Liebe(r) N., liebe(r) N., ihr merkt, an diesem Punkt führt das über euch und eure Liebe zueinander hinaus und verweist auf andere; auf die Menschen, die euch an den Weg gestellt sind. Da geht es nicht mehr nur um euch selbst. So wünsche ich euch beiden: Erinnert euch immer wieder daran, dass ihr einen Auftrag, dass ihr eine Verantwortung füreinander und für andere habt. Dazu von Herzen Gottes Segen! – Amen.

Lied

Glaubensbekenntnis

Ich glaube, dass das Geheimnis meines Lebens Gott heißt
und sich in Jesus Christus geoffenbart hat.
Ich glaube, dass Jesus als der Auferstandene
in unserer Mitte lebt und wirkt.
Ich glaube, dass er meinem Leben eine Richtung
und meinem Sterben einen Sinn gibt.
Ich glaube, dass die Kirche
die neue Gemeinschaft des Heils ist.
Ich glaube, dass ich auch heute noch
Christus im notleidenden Nächsten begegne.
Ich glaube, dass Christus mir Kraft gibt,
immer neu anzufangen.
Ich glaube, dass der auferstandene Christus
mich aus dem Tod in sein Leben ruft. Amen.

Versprechen:
Die beiden Partner(innen)
kommen dazu nach vorne.

Liebe(r) N.,
Ich werde dir treu sein, und ich werde ehrlich zu dir sein.
Ich werde dich respektieren und dir vertrauen,
Dir helfen, dir zuhören und für dich sorgen.
Ich möchte alles mit dir teilen – das Viele und das Wenige.
Ich möchte dir immer verzeihen,
so wie uns beiden verziehen wird.
Gemeinsam mit dir will ich versuchen,
uns selbst, die Welt und Gott besser zu verstehen,
sodass wir gemeinsam Gott
und unseren Mitmenschen dienen.

Persönlicher Segen: Der Zelebrant streckt seine Arme über beide aus.

N. und N.,
Gott komme mit seinem reichen Segen auf euch herab;
er stärke eure Liebe zueinander durch die Kraft des Heiligen Geistes.

Er befähige euch, ihn in guten Tagen zu preisen,
wenn ihr traurig seid, tröste er euch,
in der Not schenke er euch seine Hilfe
und bei allem, was ihr tut, bleibe er euch nahe.

Er sei an eurer Seite, damit ihr allen Grund habt, zu danken
und damit ihr Zeugnis geben könnt von seiner Liebe.

Dazu segne euch der gütige und unendlich liebende Gott,
+ der Vater und der Sohn und der Heilige Geist.

Lied oder Gesang

Fürbitten

Gott, der du die Gemeinschaft der Menschen segnest, wir bitten dich um den Segen für N. und N. und rufen zu dir:

Wir bitten dich, dass du sie schützend auf ihrem Weg begleitest. „Es ist nicht gut, dass der Mensch allein sei", sagst du. N. und N. wollen ihren Weg gemeinsam gehen, im Vertrauen zueinander, ihrer Liebe gewiss. Dafür bitten wir dich um deinen Beistand. – Gott, unser Vater:

A.: Wir bitten dich, erhöre uns.

Für N. und N. und für uns alle, die wir mit Menschen in Beziehungen leben, bitten wir dich: Gib uns den Mut zur Trennung, bevor wir das gemeiname Leben zur Qual und zur Hölle wird. – Gott, unser Vater ...

Du segnest die Gemeinschaft der Menschen. Manche von uns leben allein und sind darüber gar nicht traurig und sie fühlen sich auch nicht einsam. Andere leben in der Gemeinschaft von vielen Freundinnen und Freunden – und tragen füreinander Verantwortung. Und wieder andere haben vielfache Beziehungen und leben wertschätzend und solidarisch miteinander. Dann gibt es auch nicht wenige schwule Väter und lesbische Mütter, die nach neuen Wegen für ihr Leben suchen. Wir denken auch an alle, die in Wohngemeinschaften und Familien leben. Für sie alle bitten wir um deine Nähe, um Kraft und Kreativität, ihr Leben gut und sinnvoll zu gestalten. – Gott, unser Vater ...

Wenn wir für N. und N. bitten, denken wir auch an die Menschen früherer Generationen. Wir beten für alle, die vor uns gelebt haben und die nicht so einfach die Möglichkeit hatten, ihre Lebensform frei zu wählen. Wir denken auch an die Menschen anderer Länder und Kulturen, denen auch in Zukunft die Freiheit verwehrt bleibt, ein Leben zu führen, das ihren Empfindungen entspricht. – Gott, unser Vater ...

Wenn wir für N. und N. den besonderen Segen erbitten, dann bitten wir auch um den Segen für unsere Gemeinschaft: Gib, dass wir jeder und jedem in unserer Gemeinschaft einen Platz geben; dass wir die Verschiedenheit unseres Miteinanders gestalten lernen, weil die Vielfalt unserer Lebensformen ein Reichtum ist. – Gott, unser Vater ...

Um all das bitten wir dich und wir danken dir, dass du uns deine Nähe und deine Wegbegleitung zugesagt hast. Dir sei Ehre und Dank heute und alle Tage unseres Lebens. Amen.

Zum Vaterunser

Jesus sagt: „Wer mich liebt, hält fest an meinem Wort." – So wollen wir jetzt in seinem Namen und mit seinen Worten gemeinsam beten: Vater unser ...

Lied

Gebet

Treuer Gott, du lässt uns Gemeinschaft erfahren
mit dir und untereinander.
Und du schenkst uns Leben in Fülle
und alles, was wir zum Leben brauchen.
Du sendest uns in die Welt, dass wir lieben,
dass wir aufeinander zugehen und Menschen aufhelfen.
Und du ermutigst uns,
von dir und deiner Liebe weiterzuerzählen
und sie einander zu schenken.
Dafür danken wir.
Dir sei Lob und Ehre durch Jesus Christus,
unseren Bruder und Herrn.

Segen

Gesegnet sollt ihr sein,
wenn ihr die Freiheit des anderen achtet
und euch eure Freiheit bewahrt.
Gesegnet sollt ihr sein,
wenn das einzige Gebot
der Dreiklang der Liebe ist:
Gott lieben, den Nächsten und sich selbst.
Diese Liebe macht euch frei.
Gesegnet sollt ihr sein,
wenn ihr euer Leben
auf Liebe und Gewaltlosigkeit baut.

Es segne euch und alle, die zu euch gehören
und euch anvertraut sind der gütige Gott,
+ der Vater und der Sohn und der Heilige Geist.

Schlusslied

Auszug: Orgelspiel

Die Liebe – ein Geschenk

Eröffnung

Schön, dass wir miteinander Gottesdienst feiern können im Namen + des Vaters und des Sohnes und des Heiligen Geistes. Amen.
Gott, der uns mit seiner Liebe beschenkt, er sei mit euch.

Eingangslied

Liebe(r) N und liebe(r) N., liebe Eltern, Geschwister, Verwandte und Freunde,
der Dichter Wilhelm Busch hat euch beiden für heute, aber sicher auch für die kommende Zeit etwas ins Stammbuch geschrieben. Das Wort des Dichters lautet: „Das Schönste aber hier auf Erden ist lieben und geliebt zu werden."
Ja, ich bin mir bei euch beiden sicher: ihr spürt sehr genau, worauf es ankommt. An erster Stelle steht die Liebe zum jeweils anderen. Und es wird erst dann richtig schön, wenn diese Liebe beantwortet wird, wenn man spürt, dass man nicht nur liebt, sondern dass man auch geliebt wird. Und sicher ist eure gegenseitige, wechselseitige Liebe seit eurem Kennen- und Liebenlernen noch weiter gewachsen. Die erste Verliebtheit, die anfängliche Liebe ist reifer geworden.
Deshalb freue ich mich sehr, dass ihr euch heute mit eurer Liebe unter den Segen Gottes stellen wollt und dass ihr in diese Kirche gekommen seid, um mit Gottes Segen als Liebende euren Weg weiter zu gehen. Ihr wollt einander Treue zusagen, ganz gleich, was euch auf eurem Lebensweg begegnen wird. Damit euch das gelingt, wollen wir zusammen mit euch um Gottes Segen bitten – für euch selbst, für eure Verwandten und Freunde und für alle, die mit euch über diesen Tag hinaus verbunden sind.
Bitten wir in dieser Feier vor allem darum, dass wir alle immer mehr zu Liebenden werden, weil Gott uns zuerst geliebt hat. Werden wir still vor ihm.

Kyrie

Herr Jesus Christus,
du hast auf Augenhöhe mit den Menschen gelebt,
warst für jeden erreichbar und ansprechbar. –
Herr, erbarme dich.

Menschen mussten dich
um deine Liebe und Hilfe nicht anbetteln.
Du hast dich liebevoll selbst angeboten. –
Christus, erbarme dich.

Du wirst auch unser Bemühen
um die Verbundenheit miteinander
und um die Liebe zueinander kraftvoll unterstützen. –
Herr, erbarme dich.

Der Herr helfe uns, alle Sperren zu beseitigen,
die die Liebe in uns blockieren,
damit wir Wegbegleiterinnen und Wegbegleiter,
Freundinnen und Freunde,
Schwestern und Brüder füreinander werden.
Ihn preisen wir mit unserem Lied.

Gloria

Gebet

Guter Gott,
zwei Menschen haben sich gefunden
und füreinander entschieden.
Wir legen das Zusammensein von N. und N. in deine Hände.
Gib ihrer Gemeinschaft einen tragfähigen Grund
und eine gute Perspektive.
Und schenke uns allen eine Stunde,
in der wir etwas von dir spüren.
Schenke uns offene Augen, Ohren und Herzen

füreinander und für dich.
Darum bitten wir dich durch Christus,
unseren Bruder und Herrn.

Lesung

1 Kor 13

Antwortgesang

Predigt

Liebe(r) N. und liebe(r) N., liebe Schwestern und Brüder, über dieses Wort des Apostels Paulus aus dem Brief an die Gemeinde in Korinth möchte ich mit euch in dieser Segensfeier gerne nachdenken.
Und ich möchte es gern in den Zusammenhang der vorhergehenden Zeilen dieses Briefes stellen. Paulus schreibt also: „Die Liebe ist langmütig, die Liebe ist gütig. Sie ereifert sich nicht, sie prahlt nicht, sie bläht sich nicht auf. Sie handelt nicht ungehörig, sucht nicht ihren Vorteil, lässt sich nicht zum Zorn reizen, trägt das Böse nicht nach. Sie freut sich nicht über das Unrecht, sondern freut sich an der Wahrheit. Sie erträgt alles, glaubt alles, hofft alles, hält allem stand. Die Liebe hört niemals auf.“ (1 Kor 13, 4-8a)
Diesem Text liegen Erfahrungen zugrunde, die wir alle sehr gut kennen. Ganz unabhängig von euch beiden erleben wir das immer wieder: Überall da, wo Menschen zusammenleben, gibt es Kräfte, Prozesse und Dynamiken, die Menschen voneinander unterscheiden, ja, auch voneinander trennen. Sie betonen unsere Verschiedenheit. An sich sind sie deshalb gut und auch wichtig, denn wenn es sie nicht gäbe, dann würden wir in einer grauen, undefinierten Masse untergehen.
Leider reicht es diesen Kräften aber oftmals nicht, unsere Unterschiedlichkeit nur festzustellen. Sie wollen darüber

hinaus eine Hierarchie schaffen. Sie kämpfen daher um die besten Plätze und suchen den eigenen Vorteil – wenn es sein muss, auch auf Kosten des anderen. Sie trennen und unterscheiden deshalb nicht nur, sondern sie treiben auseinander, sie reißen auseinander, sie reißen Gräben auf. Wenn diese Kräfte freien Lauf haben und sich ihnen kein Gegengewicht entgegen stellt, dann läuft der Prozess unweigerlich auf das Ende der Gemeinschaft hinaus.

Zum Glück gibt es aber ein Gegengewicht. Und dieses Gegengewicht ist die Liebe, von der Paulus hier spricht. Allein fünfzehn verschiedene Eigenschaften der Liebe werden in diesem kurzen Text genannt.

„Die Liebe ist langmütig", heißt es da zuerst. Sie hat einen langen Atem, kann warten. Sie wird nie ungeduldig, sie will nichts übereilen und erzwingen; sie gibt den anderen nicht auf und ist auch da noch nicht fertig mit dem anderen, wo man eigentlich Grund dazu hätte.

Weiter heißt es: „Die Liebe ist gütig". Sie geht auf den anderen ein; sie wendet sich dem anderen gütig, aufrichtig und freundlich zu.

Dann heißt es von der Liebe: „Sie ereifert sich nicht". Die Liebe macht die eigenen Interessen und Ziele nicht zum Maßstab; sie ist nicht neidisch, eifersüchtig und egoistisch; sie setzt den anderen nicht unter Druck und verliert ihn nicht aus den Augen.

Weiter formuliert der Text: „Die Liebe prahlt nicht". Sie ist nicht arrogant, sie schmückt sich nicht mit eigenen oder fremden Federn.

Dann schreibt Paulus: „Sie bläht sich nicht auf". Die Liebe ist demnach nicht hochmütig oder selbstgefällig; sie fühlt sich dem anderen gegenüber nicht überlegen; sie setzt sich selbst nicht in Szene und macht sich nicht wichtig.

Und weiter heißt es im Text: „Sie handelt nicht ungehörig". Die Liebe ist nicht taktlos; sie weiß, was sich gehört und was sie dem anderen schuldig ist; sie ehrt den anderen durch sein Verhalten, sie handelt nicht unschicklich oder unanständig.

Und weiter lesen wir: „Sie sucht nicht ihren Vorteil". Die Liebe verzichtet darauf, die eigenen Wünsche zugunsten

des anderen durchzusetzen; sie zieht das Gemeinschaftliche dem Eigenen vor; sie verliert in der Sorge für sich selbst nicht das Wohl des anderen aus den Augen.
Der Text fährt fort: „Die Liebe lässt sich nicht zum Zorn reizen“. Sie ist frei von Bitterkeit und Verbitterung, auch wenn sie mit unangenehmen Erfahrungen konfrontiert und provoziert oder gekränkt wird; sie lässt sich nicht reizen und zu aggressiven Reaktionen hinreißen.
Dann heißt es: „Die Liebe trägt das Böse nicht nach“. Sie vergilt nicht Gleiches mit Gleichem; sie führt nicht Buch und sie rechnet nicht auf.
Paulus schreibt weiter: „Sie freut sich nicht über das Unrecht, sondern freut sich an der Wahrheit“. Also: die Liebe zeigt nicht mit dem Finger auf die Schuld und auf die Fehler des anderen, um selbst besser dazustehen. Sie freut sich mit dem anderen, wenn das Leben gelingt.
Und weiter geht es im Text mit dem schönen Satz: „Die Liebe erträgt alles, glaubt alles, hofft alles, hält allem stand“. Damit gemeint ist: die Liebe hält Druck, Verzicht und Anfeindung aus; sie erträgt auch Zumutungen des anderen um seinetwillen. Die Liebe vertraut vorbehaltlos und begegnet dem anderen ohne jedes Misstrauen. Die Liebe setzt zuversichtlich auf den anderen; sie hört trotz aller vergangenen und gegenwärtigen Erfahrungen nicht auf, Gutes vom anderen zu erwarten; sie kennt keine hoffnungslosen Fälle.
Die Liebe ist standhaft auch in negativen Erfahrungen, die vom anderen ausgehen; sie läuft dem anderen nicht davon, wenn er zur Belastung wird.
Unser Text endet schließlich mit der Feststellung: „Die Liebe hört niemals auf“. Sie ist tatsächlich das einzige, das Bestand hat neben allem, was sonst zeitlich, endlich und vergänglich ist. Die Liebe überdauert alles.

Liebe(r) N. und liebe(r) N., liebe Schwestern und Brüder,
Liebe ist also mehr als ein Gefühl, Liebe ist eine Frage der Einstellung und eine Sache von Taten und Handlungen. Und ehrlich gesagt: Ich denke nicht, dass einer von euch beiden all das, was wir da von der Liebe gehört haben, für sich selbst beanspruchen wollte. Wir müssen wohl alle zugeben, dass

niemand von uns das erreichen kann, was hier alles über die Liebe gesagt ist. Deshalb wäre es wohl auch eine Zumutung, wenn wir diese Eigenschaften, die der Liebe zukommen, jeweils vom anderen erwarten oder sogar einfordern würden. Ich denke, man kann wirklich nur versuchen, selbst so nahe wie möglich an diese Eigenschaften heranzukommen. Denn es gibt immer wieder Momente, in denen wir zugeben müssen: Ich schaffe das nicht! Soweit reicht meine Liebe nicht! Letztlich können wir nur soviel Liebe schenken, wie uns zuvor selbst geschenkt wurde. Wer das Gefühl hat, in seinem Leben nicht genügend geliebt worden zu sein, tut sich schwer damit, selbst andere zu lieben. Wer dagegen viel Liebe erfahren hat, kann sie auch mit vollen Händen weitergeben.
Liebe ist – und das können wir jetzt sicher sagen – ein Geschenk. Etwas, was uns von anderer Stelle gegeben wird. Und so landen wir am Ende schließlich bei der Frage: Wo kommt die Liebe denn eigentlich her? Wo hat sie ihren Ursprung?
Ich möchte auf diese Frage mit einer Liedzeile von Xavier Naidoo antworten. Er singt: „Sie ist nicht von dieser Welt, die Liebe, die mich am Leben hält, ohne dich wär´s schlecht um mich bestellt!"
Ja, ich glaube, dass die Quelle der Liebe außerhalb von uns selbst liegt. Sie ist nicht von dieser Welt, denn die Quelle der Liebe ist Gott, Gott selbst. „Gott ist Liebe. Wer in der Liebe bleibt, der bleibt in Gott, und Gott bleibt in ihm", so steht es in einem anderen Brief der Bibel (1 Joh 4, 16). Gott ist Liebe und überall dort, wo wir Liebe erfahren, begegnet uns etwas von Gott selbst. Gott möchte uns ebenfalls Liebe schenken. Ganz einfach, weil er uns liebt. Gott weiß, dass wir Liebe zum Leben brauchen, und dass Beziehungen ohne Liebe nicht gelingen können.

Liebe(r) N. und liebe(r) N., ich wünsche euch beiden, dass euch die Liebe niemals ausgeht; dass ihr nicht vergesst, wo die Liebe zu finden ist, wenn es drauf ankommt.

Und dass ihr die Liebe, wie sie Paulus in seinen Worten beschreibt, immer wieder erleben und einander schenken könnt. – Amen.

Lied

Glaubensbekenntnis

Ich glaube an Gott, den Schöpfer,
der uns in diese Welt hineingestellt hat.
Ich glaube, dass uns Gott aus aller Angst befreit
und in das Licht des Lebens führt.
Ich glaube, dass Gott sich den Menschen zeigt
als der unendlich Liebende.
Ich glaube, dass Jesus Christus Mensch geworden ist
für uns Menschen,
damit wir in der Freude und im Schmerz,
im Leben und im Tod,
einen Bruder an unserer Seite haben,
einen der mit uns geht und bei uns bleibt.
Ich glaube, dass uns Gott die Kraft zum Leben schenkt
und dass er täglich seine Sonne aufgehen lässt
über Gute und Böse.
Ich glaube, dass er uns Menschen an die Seite gestellt hat,
die das Leben mit uns teilen.
Ich glaube, dass uns Gottes guter Geist
von allen Sorgen befreit,
uns hineinruft ins Gebet,
in verantwortliches Denken und Handeln,
uns einlädt zur Vergebung,
befähigt zur Liebe und auffordert zum Leben. Amen.

Versprechen: Die beiden Partner(innen) kommen dazu nach vorne.

Liebe(r) N.,
viele Menschen sind mir begegnet auf meinem Weg,
doch dich möchte ich in meinem Leben
an meiner Seite wissen.
Du sollst Teil sein von meinem Leben,
und ich will Teil sein deines Lebens.
Ich freue mich, dass wir so miteinander verbunden sind
in Zuneigung und Liebe
und ich verspreche dir,
auf das Geschenk deiner Liebe zu antworten.
Ja, ich liebe dich.
Alles, was ich bin und was ich in Zukunft sein werde,
soll dir gehören.
Mein Entschluss ist es,
mit dir einen Bund fürs Leben zu schließen.
Dieser Weg wird kein leichter sein,
aber ich bin sicher: du bereicherst mein Leben.
Ich verspreche dir, wenn dir danach ist mit dir zu lachen,
aber auch mit dir zu weinen
und du darfst mit mir lachen,
ja, – wenn du willst – auch mit mir weinen.
Ich verspreche dir, den freien Raum zu achten,
den du für dich selbst brauchst.
Ich bitte dich:
lass auch mir meine Freiheit und mein Alleinsein.
Immer wieder will ich zurückkehren zu dir
und ich bin sicher, dass auch du mich niemals im Stich lässt.
Ich verspreche, dir mit Respekt zu begegnen
und dich anzunehmen, wie du bist.

Persönlicher Segen: Der Zelebrant streckt seine Arme über beide aus.

N. und N.,
in Liebe habt ihr beide euch gefunden
und ihr versprecht euch Liebe ein Leben lang.
Ihr wollt gemeinsam durchs Leben gehen
und miteinander alt werden
– vor Gottes Angesicht.
Gottes Wille war es,
dass der Mensch nicht allein durchs Leben geht;
Jesus hat sich in Liebe den Menschen zugewandt;
und der Heilige Geist führt uns hinein
in Gottes Herrlichkeit.
So stärke euch Gott,
um füreinander da zu sein und einander zu stützen,
er schenke euch Geduld,
alle Widrigkeiten des Lebens durchzustehen,
Kraft und Ausdauer zu gegenseitiger Liebe
und frohe Erwartung
auf ein erfülltes und glückliches Leben.
So segne Gott eure Gemeinschaft,
+ der Vater und der Sohn und der Heilige Geist.

Lied oder Gesang

Fürbitten

Guter Gott, wir danken dir, dass du die Liebe von N. und N. gesegnet hast. Für sie bitten wir dich heute:

Begleite N. und N. auch in Zukunft mit deiner Liebe, bewahre sie vor Müdigkeit, Resignation und Gleichgültigkeit, schenke ihnen Hoffnung und Phantasie. – Zu dir rufen wir: Herr, höre uns.

A.: Herr, erhöre uns.

Bewahre N. und N. vor Streit und unfruchtbaren Auseinandersetzungen, schenke ihnen in Konflikten die Chance, zu lernen, sich zu verändern. – Zu dir rufen wir: Herr, höre uns.

In uns ist viel Freude und Hoffnung, wenn wir als Eltern, als Verwandte und Freunde an die Zukunft der beiden denken. Du hast „Ja“ gesagt zu ihrer Partnerschaft, zu ihrer Liebe. Hilf auch uns, in Dankbarkeit „Ja“ zu sagen. – Zu dir rufen wir: Herr, erhöre uns.

Schenke uns allen die Freiheit, einander lieben und annehmen zu können. Schenke uns deine Geduld, an der wir uns immer wieder neu aufrichten und ausrichten können. – Zu dir rufen wir: Herr, erhöre uns.

Guter Gott, wir haben gehört und gesprochen. Wir vertrauen deiner Liebe und üben uns in Geduld. Wir gehen mit deinem Segen. Dafür danken wir dir, heute und alle Tage unseres Lebens. Amen.

Zum Vaterunser

Im Gebet des Herrn sind wir mit Christen auf der ganzen Welt vereint. Mit allen, die in der Nachfolge Jesu glauben, hoffen und lieben, lasst uns gemeinsam beten: Vater unser ...

Lied

Gebet

Gott, deine Liebe gilt jedem von uns.
Sie trägt uns im Leben, Tag für Tag,
und irgendwann wirst du uns
über dieses Leben hinaustragen.
Denn deine Liebe endet nicht mit dem letzten Atemzug.
Stärke dieses Vertrauen in uns,
lass uns Liebende werden wie du:
dass wir lieben uns selbst und gütig sind zueinander.
Hilf uns durch die Kraft des Geistes, dass uns das gelingt,
und begleite uns in Christus Jesus,
unserem Bruder und Herrn.

Segen

Der Herr segne euch und behüte euch.
Auf einen gemeinsamen Weg hat er euch geführt.
Auf ihm sollt ihr zueinander finden
und in Gemeinschaft miteinander leben.
Es ist ein Weg, mit Freude und Vertrauen,
manchmal auch mit Mühe und mit Not.
Wir bitten Gott um seinen Segen für euch:
Er schenke euch von seinem Frieden
und seiner heiteren Gelassenheit.
Er lasse euch Freude spüren über das, was ihr gesät habt,
und gebe euch ein weises Herz,
das Vergangenes loslassen kann.
Er versöhne euch mit den Enttäuschungen eures Lebens
und mit dem, was ihr schuldig geblieben seid
euch selbst und vielen anderen
– trotz allem guten Willen.
Und was ihr nicht mehr ändern könnt,
das möge er zum Besten wenden.
Er gebe euch ein großes Maß an Freude und Zuversicht

für die gemeinsamen Jahre eures Lebens.
Das schenke euch der gütige Gott,
der in euch lebt und wirkt,
der ein ganzes Leben lang mit euch geht
bis ans Ende eurer Tage – hinein ins ewige Leben.
So segne euch der gütige und mitgehende Gott,
+ der Vater und der Sohn und der Heilige Geist. Amen.

Schlusslied

Auszug: Orgelspiel

Segensfeiern
für wiederverheiratete Geschiedene

Drei Modelle

Zwei sind besser als einer allein[81]

Eröffnung

Wir beginnen diesen Gottesdienst
im Namen + des Vaters und des Sohnes und des Heiligen Geistes. Amen.
Jesus Christus, der uns zusammenführt in Partnerschaft und Liebe, er sei mit euch.

Eingangslied

Liebe N. und lieber N., liebe Schwestern und Brüder,
in einem Gedicht von Ulrich Schaffer heißt es: „Jeder Weg hat ein Herz. Jede Tat hat ein Ziel. Jeder Traum hat ein Erwachen. Jedes Herz hat einen Weg." -
Ihr habt den Weg hierher in diese Kirche gefunden und ihr wollt von hier aus den Weg durchs Leben gemeinsam weitergehen.
Du, liebe(r) N., warst schon einmal verheiratet, und mit der Trennung und dem Scheitern der ersten Ehe begann eine schwere Zeit für dich. Aber das ist Jahre her. Schließlich hast du N. kennengelernt – und eure Herzen haben zueinander gefunden. Ihr liebt einander. Auch wenn aus bekannten Gründen eine erneute kirchliche Trauung für euch nicht möglich ist: als Christen wollt ihr euren gemeinsamen Weg ganz bewusst mit Gottes Segen weitergehen. Darum habt ihr ausdrücklich gebeten, und ich komme dieser Bitte gerne nach.
So wollen wir Gottes Segen erbitten für euer gemeinsames Vorhaben. Ihr wollt Ja zueinander sagen mit allem, was euch auf eurem weiteren Weg begegnen wird. Denn ihr seid euch sicher: Zwei sind besser als einer allein.
Zur Einstimmung in diesen Gottesdienst wollen wir jetzt einen Gedanken von Phil Bosmans hören. Danach halten wir eine kurze Stille und bitten den Herrn um sein Erbarmen.

---

81 Vgl. Koh 4, 9

Einstimmung

Du kannst nicht leben ohne einen Menschen, der dich mag und für den du aller Mühe wert bist, der mit dir Freude und Leid teilt, der für dich Platz in seinem Herzen hat, ein Mensch, dem du dich anvertrauen kannst, ein Mensch, der sich um dich kümmert, ein Mensch, dem du immer willkommen bist.
Gott hat Menschen nicht auf einem kalten Planeten ausgesetzt. Gott hat Menschen in die Hände von Menschen gegeben, der Sorge von Menschen anvertraut. Darum sind Menschen ihr Leben lang, bewusst oder unbewusst, auf der Suche nach Geborgenheit, auf der Suche nach einem Zuhause.[82]

Stille

Kyrie

Liebe ist nur ein kleines Wort.
Aber es gibt kein anderes Wort,
das soviel missbraucht und misshandelt wird.
– Herr, erbarme dich.

Wir machen uns das Leben oft gegenseitig schwer.
Da sucht man in einer Beziehung den eigenen Profit
und der andere geht leer aus.
– Christus, erbarme dich.

Jeder sucht nach Glück und Zufriedenheit,
aber wir rennen allzu oft der Anerkennung
im Beruf und in der Gesellschaft hinterher.
– Herr, erbarme dich.

---

82 Der Text ist sinngemäß wiedergegeben. Den Originaltext gbit es z. B. hier: http://www.momo-lyrik.de/weisheiten/bmans.htm

Tagesgebet

Menschenfreundlicher Gott,
deine Güte ist unerschöpflich.
Wir danken dir für alle Hilfe,
die du N. und N. zukommen lässt.
Wir bitten dich:
Lass die beiden in ihrer Liebe weiter wachsen
und gib, dass sie einst gemeinsam
das Ziel des Lebens erreichen,
dich, den ewigen Gott,
der du mit deinem Sohn und dem Heiligen Geist
die ganze Schöpfung lenkst und leitest,
jetzt und in Ewigkeit.

Lesung

Koh 4, 7-12

Antwortgesang

Evangelium

Joh 17, 20-26

Predigt

Liebe N. und lieber N., liebe Schwestern und Brüder,
wir sind hier bei Gott zuhause. Und wir glauben zu wissen: Gott ist ein Freund der Liebe und des Lebens. Auch ihr beide seid hier an diesem Ort (in dieser Kirche / in dieser Gemeinde) zuhause. Deshalb legt ihr Wert darauf, dass eure Liebe gesegnet wird – auch, wenn eine kirchliche Trauung nicht möglich ist. Das ist sicher nicht selbstverständlich. Es ist euer Wunsch, dass von der Verheißung, von der Hoffnungsbotschaft unseres christlichen Glaubens, eures Glaubens, hier sich etwas widerspiegelt – in euer gemeinsames Leben hinein.
Diesen Gottesdienst feiern wir deshalb, weil er in uns Raum schaffen soll für die Hoffnungen und für die Sehnsüchte. Und so ein Tag wie heute, ganz bewusst in der Verbundenheit mit Gott gefeiert, bedeutet das nicht auch den Grund, die Wurzel aller Hoffnung, ins Spiel zu bringen?
Liebe N., lieber N., ihr traut euch zu – aus der Erfahrung eures bisherigen Begegnens – dass ihr diese Hoffnungen für die Zukunft in eurem alltäglichen Miteinander weiterleben könnt, dass euch genug Hoffnungskraft bleibt, euren Weg miteinander in Liebe und Verantwortung weiterzugehen. Ihr setzt eure Hoffnung auf ein reiches, auf ein vielgestaltiges und lebendiges Leben.
Euer bisheriger gemeinsamer Weg ist gekennzeichnet von einem sehr bedachten Umgang mit dem Leben. Ihr habt gelernt, euer Leben und eure Partnerschaft nüchtern und klar in den Blick zu nehmen – mit dem Instrument des Verstandes. Aber ihr wisst auch: Die Reflexion, der Verstand, das nüchterne Abwägen – das ist nicht alles. Zu euch gehört noch viel mehr: euer Fühlen, euer Empfinden, euer Glücklichsein, eure Niedergeschlagenheit ...
Das Wort aus dem Buch Kohelet, das wir eben gehört haben, greift das alles, was zu einer ganzheitlichen Lebenserfahrung des Menschen gehört, auf: „Zwei sind besser als einer allein ..." – „wenn sie hinfallen, richtet einer den anderen auf ..." – „Wenn zwei zusammenschlafen, wärmt einer den anderen ..."

In einer solch lebhaften Sprache sagt euch beiden dieses Wort: Wir möchten dieses Leben mit all seinen Dimensionen ernstnehmen, mit all seinen Bedürfnissen und Gefühlen, mit all seinen Leidenschaften. Achtet also unbedingt auf die Gefühle und Empfindungen, die in euch sind. Entdeckt sie jeweils am anderen. Und tauscht euch aus – auch in euren Traurigkeiten und eurem „Hingefallensein". Wenn ihr so die ganze Breite des Lebens miteinander lebt, könnt ihr den Spannungsbogen eures Lebens erhalten.

In der Lesung war immer von Zweien die Rede. Ganz bewusst. Das Eins-Sein, von dem im Evangelium die Rede war, soll das Zwei-Sein ja nicht auslöschen. Jeder soll sich als je Eigener verstehen. Jeder von euch ist nun einmal eine ganz eigene Persönlichkeit. Jeder von euch braucht die Luft zum Atmen, den Raum, um weiterzuwachsen. Es wird die Kunst eures Lebens und eurer Liebe sein, dann doch aufhelfend, ermutigend, wärmend beim anderen zu sein – zur rechten Zeit. Auch Jesus Christus hat in seinem Grundgebot für die Jünger diese Spannung ausgedrückt: „Liebe deinen Nächsten wie dich selbst!" Liebe ist da nicht als eine Haltung definiert, die nur den anderen im Blick hat und ganz von sich selbst absieht. Liebe deinen Nächsten – ja, ganz intensiv, mit ganzem Herzen, aber eben auch: wie dich selbst!

Und sich selbst lieben, das bedeutet: Wertschätzen des eigenen Lebens, Freude haben am Leben, sich selbst als liebenswert ansehen; zu sich selbst Ja sagen, auch mit allen Enttäuschungen und allem Scheitern. Das allerdings immer im Blickkontakt zum Nächsten, im Mitgehen und im Mitfühlen mit dem anderen, sodass ich im Glück des anderen auch die Erfüllung des eigenen Glücks sehen und erleben kann. Von dieser Balance lebt eure Beziehung.

Die Lesung spricht schließlich in einem schönen Bildwort aus, was eure Gemeinschaft fest und verlässlich macht: „... eine dreifache Schnur reißt nicht so schnell ...", heißt es da. Ich möchte es wagen zu deuten, welches denn die dritte Schnur sein kann. Vielleicht haben sich ja hier auch andere gefragt, warum am Ende der Lesung plötzlich von einer dreifachen Schnur die Rede ist. Die dritte Schnur könnte doch die Schnur sein, die mit euren beiden Lebensfäden

verbunden werden soll. Ich sehe in der „dritten Schnur" das Wort Gottes, seinen Zuspruch, seine Zusage, seinen Segen, seine Verheißung in euer Leben hinein, so wie es Sonntag für Sonntag im Evangelium verkündet wird. Ich möchte euch heute ans Herz legen, dass ihr sein Wort immer wieder an euch heranlasst; dass ihr euch von diesem Wort herausfordern lasst; dass ihr euch daran reibt; dass ihr euch von seiner Frische überraschen lasst. Es ist doch wunderbar, dass Gottes Wort so lebendig, so lebenschaffend sein kann. Nehmt es mit: Die dreifache Schnur reißt nicht so schnell!
Liebe N., lieber N., heute feiern wir eure Liebe – und dass ihr euch begegnet seid und einander gefunden habt. Eine solche Segensfeier ist auch Ausdruck der Hoffnung, dass die Zerrissenheit des Lebens nicht das Letzte ist. Ihr macht euch in dieser Hoffnung gemeinsam auf den Weg, damit es euch gelingt, aus eurem Leben etwas Neues, Reiches, Vielfältiges und Lebendiges zu gestalten. Ihr dürft wissen: Gott geht mit euch – hinein in eure gemeinsame Zukunft. Er ermutigt euch, das Abenteuer eurer Liebe zu wagen. Und wir alle stehen zu euch!

Segensgebet:
Das Paar kommt nach vorne und der Zelebrant streckt seine Arme über beide aus.

Gott, unser Leben steht in deinen Händen.
Du sorgst für uns und begleitest uns; wir gehören zu dir.
Deshalb brauchen wir keine Angst zu haben,
vor dem, was kommt.
Heute bitten wir dich:
Segne N. und N. und hilf ihnen, füreinander da zu sein.
Die Kraft deines Segens schütze und begleite sie,
damit sie in respektvoller Liebe
und liebender Verantwortung
füreinander da sein können.

Schenke ihnen festen und beständigen Glauben an dich
und lass sie voll Vertrauen einander zugetan sein
– ein Leben lang.

Dazu segne euch der dreieinige Gott,
+ der Vater und der Sohn und der Heilige Geist. Amen.

Lied oder Gesang

Fürbitten

Jesus Christus ist der Bruder und Freund der Menschen. Er weiß um einen jeden von uns, er kennt die Wünsche unseres Herzens. Ihn bitten wir:

Begleite N. und N. auf ihrem gemeinsamen Weg mit deiner Gnade und bewahre sie im Glauben und in der Treue. – Christus, höre uns.

A.: Christus, erhöre uns.

Schenke den beiden Freude und Glück in ihrem Leben und gib ihnen die Kraft, anderen Menschen beizustehen und ihnen zu helfen. – Christus, höre uns.

Wir bitten für alle Paare: lass ihre Liebe zueinander niemals eine Selbstverständlichkeit sein, sondern zeige ihnen, dass sie ein Geschenk deiner Güte ist. – Christus, höre uns.

Wir bitten dich auch für die verschiedenen Generationen: lass Großeltern, Eltern und Kinder immer offen sein füreinander und gib, dass sie sich in ihren jeweiligen Eigenheiten und unterschiedlichen Lebensauffassungen respektieren. – Christus, höre uns.

Wir bitten für alle Verstorbenen, besonders für die Verstorbenen der Familien unseres Paares: dass sich ihr Leben bei dir vollendet. – Christus, höre uns.

Gott, du willst, dass alle Menschen ihr Glück finden. Dafür danken wir dir und wir loben dich in dieser Stunde und alle Tage unseres Lebens. Sei gepriesen im Heiligen Geist durch Christus, unseren Bruder und Herrn. Amen.

Zum Vaterunser

Liebe N., lieber N., wir alle – und das gilt wahrscheinlich auch für euch – sind immer wieder vergebungsbedürftig. Mit dem Gebet, das Jesus uns geschenkt hat, wollen wir Gott bitten, dass er uns befähige, immer wieder zu vergeben. Wir wollen ihn aber auch bitten, uns unsere eigenen Fehler und Schwächen nachzusehen. So lasst uns jetzt miteinander beten, wie Jesus gebetet hat: Vater unser …

Lied

Gebet

Gott, wir glauben, dass N. und N. füreinander bestimmt sind.
Sie sind sich begegnet und sie lieben sich.
Gib, dass ihre Liebe weiter wächst,
damit sie einander verstehen
und nichts anderes suchen als das Glück des anderen.
Du hast dem Leben der beiden durch ihre Liebe
einen tiefen Sinn gegeben
und du lässt sie ein Ziel erkennen.
Lass sie ihren Weg erkennen und steh ihnen bei,
damit sie ihn auch gemeinsam gehen können.
Das erbitten wir durch Christus, unseren Bruder und Herrn.

Segen

Herr, segne uns, lass uns dir dankbar sein.
Lass uns dich loben, solange wir leben
und mit den Gaben, die uns gegeben,
wollen wir tätig sein.

Herr, geh mit uns und lass uns nicht allein.
Lass uns dein Wort und dein Beispiel bewahren,
in der Gemeinde deine Kraft erfahren,
einander Brüder und Schwestern sein.

Herr, sende uns, lass uns dein Segen sein.
Lass uns versuchen zu helfen, zu heilen
und unser Leben wie das tägliche Brot zu teilen.
Lass uns ein Segen sein.

Das gewähre euch der gütige Gott,
+ der Vater und der Sohn und der Heilige Geist. Amen.

Schlusslied

Auszug: Orgelspiel

Licht der Welt sein

Eröffnung

Wir beginnen unser Zusammensein mit dem Kreuzzeichen: Im Namen + des Vaters und des Sohnes und des Heiligen Geistes. Amen.
Jesus Christus, der Menschen in Liebe zueinander führt, er sei mit euch.

Eingangslied

Liebe N. und lieber N., liebe Schwestern und Brüder,
herzlich darf ich euch beide und alle, die diesen Tag und diese Stunde mit euch begehen, hier in dieser Kirche begrüßen und herzlich willkommen heißen.
Ihr beide, N. und N., habt im Standesamt geheiratet und ihr seid nun hierher gekommen, weil ihr Gott um seinen Segen bitten wollt – für euer gemeinsames Leben. Wir, die wir heute mit euch zusammen sind, wollen in diesem Gottesdienst mit euch beten. Wir vertrauen darauf, dass Gott eure Wege begleiten und dass er mit euch in eine gute gemeinsame Zukunft gehen wird. So wollen wir in dieser Segensfeier euch beide, aber auch uns selbst unter die barmherzige Liebe Gottes stellen. Zur Einstimmung in diesen Gottesdienst hören wir zunächst ein Gedicht von Jörn Pfennig. Im Anschluss halten wir eine kurze Stille und wir bitten dann den Herrn um seine Nähe und sein Erbarmen.

Einstimmung[83]

Warum hast du Angst
dich zu verlieren?
Je wehrloser du dich
hingibst und öffnest
desto mehr wirst du
leuchten
und dir immer wieder
als dein eigener
Sterntaler
in den Schoß fallen.

Stille

Kyrie

Herr Jesus Christus,
du Weg, auf dem wir miteinander gehen.
Herr, erbarme dich.

Du Wahrheit, der wir vertrauen.
Christus, erbarme dich.

Du Liebe, die uns trägt und annimmt.
Herr, erbarme dich.

Ja, Herr, bleibe bei uns, und lass uns mit frohem und dankbarem Herzen diese Feier begehen, in der wir dein Wort hören und um deinen Segen bitten. Amen.

---

83 Pfennig, Keine Angst dich zu verlieren, Gedichte, Goldmann Taschenbuch 4/90, 8. Auflage, S. 45

Tagesgebet

Guter Gott,
N. und N. sind hierhergekommen,
um dir ihr gemeinsames Leben anzuvertrauen:
alles was war und was sein wird,
das Schöne und das Schwere,
alles, was ihnen Sorge macht und alles, was sie erhoffen.
Du bist das Licht der Welt, das Licht der Menschen.
Erhelle auch das Leben von N. und N.
und begleite die beiden,
damit sie das Ziel ihres Lebens erreichen können,
dass du in deiner Güte für sie bestimmt hast.
Darum bitten wir dich durch Jesus,
deinen Sohn und unseren Bruder,
der mit dir in der Einheit des Heiligen Geistes,
lebt und liebt in Ewigkeit.

Lesung[84]
Max Frisch: du sollst dir kein Bildnis machen

Es ist bemerkenswert, dass wir gerade von dem Menschen, den wir lieben, am mindesten aussagen können, wie er sei. Wir lieben ihn einfach. Eben darin besteht ja die Liebe, das Wunderbare an der Liebe, dass sie uns in der Schwebe des Lebendigen hält, in der Bereitschaft, einem Menschen zu folgen in allen seinen möglichen Entfaltungen. Wir wissen, dass jeder Mensch, wenn man ihn liebt, sich wie verwandelt fühlt, wie entfaltet, und dass auch dem Liebenden sich alles entfaltet, das Nächste, das lange Bekannte. Vieles sieht er wie zum ersten Male. Die Liebe befreit es aus jeglichem Bildnis. Das ist das Erregende, das Abenteuerliche, das eigentlich Spannende, dass wir mit den Menschen, die wir lieben, nicht fertig werden: weil wir sie lieben; so lange wir sie lieben. Man höre bloß die Dichter, wenn sie lieben; sie tappen nach Vergleichen, als wären sie betrunken, sie grei-

[84] Max Frisch, Tagebuch 1946-1949, Suhrkamp Taschenbuch, 1985

fen nach allen Dingen im All, nach Blumen und Tieren, nach Wolken, nach Sternen und Meeren. Warum? So wie das All, wie Gottes unerschöpfliche Geräumigkeit, schrankenlos, alles Möglichen voll, aller Geheimnisse voll, unfassbar ist der Mensch, den man liebt. – Nur die Liebe erträgt ihn so.

Antwortgesang

Evangelium

Mt 5, 13-16

Predigt[85]

Liebe N. und lieber N., liebe Schwestern und Brüder,
das Evangelium, das wir gerade gehört haben, ist ein ganz kurzer Abschnitt aus der Bergpredigt und er spricht gar nicht so sehr für sich. Es ist auch ein recht ungewöhnliches Evangelium für eine solche Segensfeier. Ich denke aber, dass dieser Text etwas mit euch zu tun hat, weil ihr beide das, was darin ausgesagt ist, konkret in den Zusammenhang eures gemeinsamen Lebens stellt. Und darüber muss man reden, finde ich …
Ich möchte das tun, indem ich euch und euren Gästen zunächst eine zweite Geschichte, ein Märchen der Brüder Grimm, erzähle:
Ein König hatte drei Töchter; da wollte er wissen, welche ihn am liebsten hätte, ließ sie vor sich kommen und fragte sie. Die älteste sprach, sie habe ihn lieber als das ganze Königreich; die zweite, als alle Edelsteine und Perlen auf der Welt; die dritte aber sagte, sie habe ihn lieber als das Salz. Der König ward aufgebracht, dass sie ihre Liebe zu ihm mit

[85] Anregungen zu dieser Predigt verdanke ich der Internetseite: https://kanzelgruss.de/2004/11/08/ihr-seid-wichtig-fuer-diese-welt/

einer so geringen Sache vergleiche, übergab sie einem Diener und befahl, er solle sie in den Wald führen und töten. Wie sie in den Wald gekommen waren, bat die Prinzessin den Diener um ihr Leben; dieser war ihr treu und würde sie doch nicht getötet haben, er sagte auch, er wolle mit ihr gehen und ganz nach ihren Befehlen tun. Die Prinzessin verlangte aber nichts als ein Kleid von Mäusehaut, und als er ihr das geholt, wickelte sie sich hinein und ging fort. Sie ging geradezu an den Hof eines benachbarten Königs, gab sich für einen Mann aus und bat den König, dass er sie in seine Dienste nehme. Der König sagte es zu, und sie solle bei ihm die Aufwartung haben. Abends musste sie ihm die Stiefel ausziehen, die warf er ihr allemal an den Kopf. Einmal fragte er, woher sie sei. „Aus dem Lande, wo man den Leuten die Stiefel nicht um den Kopf wirft." Der König ward da aufmerksam, endlich brachten ihm die anderen Diener einen Ring; Mäusehaut habe ihn verloren, der sei zu kostbar, den müsse er gestohlen haben. Der König ließ Mäusehaut vor sich kommen und fragte, woher der Ring sei. Da konnte sich Mäusehaut nicht länger verbergen, sie wickelte sich von der Mäusehaut los, ihre goldgelben Haare quollen hervor, und sie trat heraus, so schön, aber auch so schön, dass der König gleich die Krone von seinem Kopf abnahm und ihr aufsetzte und sie für seine Gemahlin erklärte. Zu der Hochzeit wurde auch der Vater der Mäusehaut eingeladen, der glaubte, seine Tochter sei schon längst tot, und er kannte sie nicht wieder. Auf der Tafel aber waren alle Speisen, die ihm vorgesetzt wurden, ungesalzen, da ward er ärgerlich und sagte: „Ich will lieber nicht leben als solche Speise essen!" Wie er das Wort ausgesagt, sprach die Königin zu ihm: „Jetzt wollt ihr nicht leben ohne Salz, und doch habt ihr mich einmal wollen töten lassen, weil ich sagte, ich hätte euch lieber als Salz!" Da erkannte er seine Tochter und küsste sie und bat sie um Verzeihung, und es war ihm lieber als sein Königreich und alle Edelsteine der Welt, dass er sie wieder gefunden.

Liebe N., lieber N., dieses Märchen handelt vom Wert des Salzes. Die jüngste Tochter des Königs erkannte, wie wert-

voll das Salz ist, und so verglich sie die Liebe zu ihrem Vater mit dem Wert des Salzes. Ihr Vater, der König, konnte aber damit nichts anfangen. Wir würden sagen: Er hat´s nicht geschnallt!
Wenn wir im Evangelium von Jesus hören, was er uns allen sagt: „Ihr seid das Salz der Erde!“, dann unterstreicht er damit, dass wir in dieser Welt wichtig sind, dass wir eine bedeutungsvolle Aufgabe haben, aber auch, dass wir kostbar und wertvoll sind – jede und jeder so, wie er ist. Lassen wir uns das mal auf der Zunge zergehen: Jesus sagt zu dir, N. und zu dir, N.: ihr beide seid wertvoll und wichtig – an dem Platz, den ihr gemeinsam ausfüllt. Hat das schon mal jemand zu euch gesagt?
Zu euch jeweils einzeln vielleicht schon – da bin ich mir ziemlich sicher. Aber ich meine eben ganz bewusst zu euch beiden als das Paar, das ihr seid: N. und N.
„Ich liebe dich!“ – „Ich hab dich lieb!“ Das hat jeder schon mal gehört – und ihr beide sagt es einander. Das ist ja auch wirklich ein starker Satz: Da sagt jemand, ein Gegenüber, ein Partner, eine Partnerin zu mir: du bist mir wichtig. Auf solch einen Satz kann ein Mensch sein Leben bauen, mit solch einem Satz können zwei Menschen gut leben und so manche Schwierigkeit des Lebens meistern.
Das Wort Jesu: „Ihr seid das Salz der Erde!“ setzt da nochmal eins drauf: Nicht nur für mich seid ihr wichtig, nicht nur füreinander seid ihr wichtig, sagt Jesus, sondern für die Welt seid ihr wichtig! Ihr in eurem Miteinander, ihr beide als Paar seid für diese Welt wichtig!
Beurteilt ihr euch auch so? Sehen das die Menschen, mit denen ihr zu tun habt, auch so? Wenn wir ehrlich sind, können wir das oft gar nicht glauben – und wir fühlen uns klein und nutzlos. Für die Arbeitgeber und Betriebe ist so mancher von uns ersetzbar, austauschbar. Manche verlieren ihre Arbeit. Und hier und da ist so mancher schnell abgeschrieben und vergessen. Ein kleiner Streit oder ein Ortswechsel – und so kann eine Freundschaft oder was wir dafür gehalten haben, schnell zu Ende sein. So soll ich also Salz sein und wichtig für andere Menschen? Ausgerechnet ich? Das können wir oft gar nicht glauben.

Jesus dagegen meint es ernst. Die ersten Hörer seiner Worte sind die, die er seligpries: die geistlich Armen, die Friedensstifter, diejenigen, die jetzt weinen und traurig sind, die Barmherzigen, alle, die verfolgt und unterdrückt werden – auch wegen ihres Glaubens. Damit stellt Jesus eigentlich alles auf den Kopf. Die Wertigkeiten verändern sich. Manche sind scheinbar nichts oder wenig wert, sie spielen keine große Rolle im Getriebe dieser Welt – aber für Jesus sind sie tatsächlich Salz der Erde. Das heißt: Es gibt Menschen, die nach den Maßstäben dieser Welt unbedeutend und unwichtig sind, aber in den Augen Gottes, in seinem Blick sind sie wichtig und wertvoll.
Jesus sagt euch beiden zu: Ihr seid das Salz der Erde! Er sagt nicht: Ihr sollt es sein. Das ist kein Appell, kein Befehl, keine Aufforderung. Er sagt ja nicht: Wenn ihr dies oder jenes tut oder denkt, dann seid ihr es. Er knüpft diese Aussage nicht an eine Bedingung, für deren Erfüllung ihr zuerst sorgen müsstet. Es ist eben kein Auftrag im üblichen Sinn, nein! Jesus sagt schlicht und einfach: ihr seid Salz ... – Punkt. Das ist eine Zusage! Und dass sie wahr ist und wahr bleibt, dass sie erkennbar ist, dafür sorgt er selbst.
Schauen wir uns doch einmal den Petrus an: Dieser Petrus, der erste der Apostel, ist ein Beispiel dafür, dass er alles, was er ist, durch Jesus Christus ist. So wird er zum Salz der Erde und wird bedeutsam für die Kirche, ja für die ganze Welt. Auf einmal hat er Wichtiges und Bedeutsames zu sagen, wenn er bekennt: „Du bist der Messias, der Sohn des lebendigen Gottes.“ Die Folge ist, dass er sich senden lässt – zusammen mit den anderen Jüngern. Jesus nimmt ihn wieder hinein in seine Nachfolge, in seinen Dienst. Dreimal hatte er ihn verleugnet. Ja, er schwor sogar, Jesus überhaupt nicht zu kennen. Aber immer dann, wenn er sich wieder auf Jesus Christus besinnt, wenn er seine Worte an sich heranlässt, wenn er auf ihn sein Vertrauen setzt, dann wird er auf einmal wichtig für die Menschen, für die Welt, aber auch für die gesamte Kirche. In anderen Momenten aber ist Petrus immer dann ein Niemand, wenn er aus eigener Kraft etwas will. Immer dann misslingt es, immer dann ist er Salz, das nichts taugt, wirkungslos, bedeutungslos.

Deshalb ist als Zweites mit dem Salz-Wort Jesu die Aufforderung an uns verbunden, an diesem Jesus dran zu bleiben. Sein Wort zu hören – immer wieder. Mit ihm zu leben, mit ihm zu sprechen, ihm zu begegnen – im Gottesdienst, in seinem Wort, im Brot des Lebens. Nur so wird sich das Wort Jesu erfüllen: ihr seid das Salz der Erde!
Und schließlich ein Drittes: Nehmen wir beide Bild-Worte in den Blick, die Jesus hier anführt. Die Bilder ergänzen und korrigieren einander. Vielleicht denken wir an dieser Stelle einmal darüber nach, welchen Wert Salz und Licht haben: Salz war wertvoll, um Lebensmittel und das Essen genießbar zu machen. Fleisch z. B. wurde damit haltbar gemacht. Salz bringt Geschmack ans Essen und manche Speisen würden verfaulen, würden sie ohne Salz gelagert.
Und Licht hilft, wenn wir uns orientieren wollen. Für einen Freund von mir war es es eine völlig ungewohnte Erfahrung, als er aus der Großstadt zu uns aufs Land zog und plötzlich erlebte, wie dunkel es doch nachts sein kann. In der Nacht sind die Straßenlampen irgendwann gelöscht, der Himmel ist oft verhangen, in den Häusern brennt schon lange kein Licht mehr. Dann ist es so richtig stockfinster. Ja, da merken wir: Licht dient der Orientierung – und das ist wichtig.
Wenn Jesus also zu euch beiden oder zu uns allen sagt: „Ihr seid das Licht der Welt!“, dann meint er: Macht euch auf den Weg und folgt mir nach, indem ihr auf mein Wort hört und es umsetzt! Setzt das in die Tat um, was ihr vom Evangelium verstanden habt und lebt damit! Man soll an euch erkennen, dass ihr mir nachfolgt! Da wo Licht ist, kann man sich orientieren! So könnt auch ihr Orientierungshelfer sein, denn ihr habt Gott in eurem Leben erkannt und erfahren, weil ihr seine Liebe erkannt und für euch entdeckt habt. So könnt auch ihr dazu beitragen, dass sich Menschen neu orientieren können, wenn sie Fragen haben, wenn sie auf der Suche sind, wenn sie unsicher und ängstlich sind.
Und wenn Jesus zu euch beiden, aber auch zu allen, die hier beisammen sind, sagt: „Ihr seid das Salz der Erde!“, dann meint er: Seid Zeitgenossen dieser Welt! Ihr seid doch Teil dieser Welt und ihr seid wichtig für die Welt. Wie das Salz die Speisen durchdringt und vor dem Verderben bewahrt, so

sollt auch ihr für diese Welt Salz sein. Ihr wisst, wie wertvoll der Mensch ist, welche Würde die Schöpfung hat und jeder einzelne Mensch in ihr. Und ihr kennt die Gebote Gottes. Gebt ihnen eine Stimme in dieser Welt! So könnt ihr wirklich etwas beitragen zur Bewahrung der Schöpfung.

Liebe N., lieber N., liebe Schwestern und Brüder, das Salz-Wort und das Licht-Wort Jesu sind zentrale Worte. Und sie wurden und werden viel bedacht und gepredigt, vor und zurück. Ich bin der Meinung, diese Worte sollten euch beide, aber auch uns alle, nicht loslassen. Denn es sind Trostworte, die uns Würde verleihen. Sie sind ein Zuspruch, der euch etwas zutraut: Wie Salz diese Welt durchdringen und in ihr aufgehen. Wie Licht leuchten und in dieser Welt erkennbar sein. Wegbegleiter und Wegbegleiterin sein und zeitgemäß leben – Hörerin und Hörer des Wortes Gottes sein und dem Evangelium gemäß leben.

Salz und Licht – das seid ihr, N. und N., so sagt es Jesus selbst. Nicht mehr und nicht weniger. Weil er es sagt und weil er euch beide dazu macht. – Amen.

Segensgebet:
Das Paar kommt nach vorne und der Zelebrant streckt seine Arme über beide aus.

Bitten wir jetzt Gott um seinen Segen für N. und N.
Wir antworten dann jeweils mit dem Ruf: Segne N. und N.:

Du, Gott, bist ein Freund der Menschen.
A: Segne N. und N.
Du bist die Güte, du bist die Treue –
und du bleibst für immer.
A: Segne N. und N.
Du schenkst Nähe und Geborgenheit.
A: Segne N. und N.
Du weißt um uns und du kennst uns.
A: Segne N. und N.
Du bist unser Bruder geworden in Jesus Christus.
A: Segne N. und N.
Du wohnst in uns durch Gottes Geist.
A: Segne N. und N.
Du lässt dein Licht leuchten – durch uns, wenn wir einander lieben.
A: Segne N. und N.

So segne euch heute und alle Tage eures Lebens der dreieinige Gott,
+ der Vater und der Sohn und der Heilige Geist. Amen.

Lied oder Gesang

Fürbitten

Lasst uns beten zu Gott, unserem Vater, der die Menschen füreinander geschaffen und bestimmt hat:
Wir beten für N. und N.: Da, wo sie selbst unsicher sind oder zweifeln, steh ihnen bei und lass die beiden füreinander,

aber auch für alle, die du ihnen an den Weg stellst, Mittler deiner Fürsorge und Nähe sein. – Gott, unser Vater:

A.: Wir bitten dich, erhöre uns.

Wir beten für ihre Angehörigen, für ihre Freundinnen und Freunde: Schenke allen, die mit N. und N. heute ihr Fest feiern, die Erfahrung, dass du da bist und dass wir in deiner unendlichen Liebe behütet und geborgen sind. – Gott, unser Vater ...

Wir beten auch für alle, die in anstrengenden und schwierigen Beziehungen leben: Lass sie erkennen, dass trotz aller Unsicherheit und Zerbrechlichkeit in unserem menschlichen Miteinander deine Liebe bleibt. – Gott, unser Vater ...

Wir beten für alle, die allein und einsam sind: Stärke und beschütze alle, die sich so sehr die Nähe eines Menschen wünschen. Sei du ihnen nahe und lass sie erkennen, dass du sie nie verlässt. – Gott, unser Vater ...

Wir beten auch für alle Menschen, die wir schmerzlich vermissen; für alle Angehörigen, für alle Freundinnen und Freunde, die gestorben sind: Schenke allen, die mit uns gelebt haben, ewige Heimat bei dir und und ein Fest ohne Ende in deinem Reich. – Gott, unser Vater ...

Gott, immer wieder erfahren wir aufs Neue, wie sehr du uns liebst. Lass uns und alle, für die wir hier bei dir ein gutes Wort eingelegt haben, erkennen, wie unendlich groß dein Herz ist. Du schenkst uns viel mehr, als wir jemals von dir erbitten könnten. Dafür danken wir dir. Bleibe bei uns in Jesus Christus, unserem Bruder und Freund. Amen.

Zum Vaterunser

Gott will sich uns schenken – in grenzenlosem Vertrauen. Wenn die Liebe uns erfüllt, dürfen wir froh sein darüber. Wenn die Liebe uns erfüllt, dürfen wir selbst lieben. Gott möchte in uns lebendig werden, in uns allen. Durch uns soll mehr Friede, Freundschaft und Freude in unsere Welt kommen. Danken wir ihm durch unser Tun und beten wir: Vater unser …

Lied

Gebet

Gott,
in Jesus Christus, deinem Sohn,
hast du der Liebe zu uns Menschen
ein Gesicht gegeben.
An seinem Leben können wir erkennen, was Liebe ist.
Du ermutigst uns, Jesus in unser Leben einzuladen
und ihn zu bitten,
die schweren Tage der Vergangenheit hinter uns zu lassen.
Du schenkst uns Vergebung, du nimmst uns an
und schenkst uns einen neuen Anfang.
Du sagst Ja zu uns und nennst uns sogar deine Kinder.
Liebevoll versorgst und leitest du uns
und wir dürfen dir vertrauen.
Dafür danken wir dir,
heute und alle Tage unseres Lebens. Amen.

Segen

Gott in seiner Güte segne euch.
Er lasse euch versöhnt und gütig auf das schauen,
was zurückliegt und was nicht zu ändern ist.

Mit seiner Kraft und seinem Segen begleite er euch,
damit ihr die Aufgaben, die auf euch warten,
gemeinsam bewältigen könnt.
Er schenke euch Hoffnung und Zuversicht,
damit ihr gelassen und fröhlich der Zukunft entgegengeht.

Das gewähre euch der dreieinige Gott,
+ der Vater und der Sohn und der Heilige Geist. Amen.

Schlusslied

Auszug: Orgelspiel

Sehnsucht, die Liebe heißt

Eröffnung

Wir beginnen diesen Gottesdienst
im Namen + des Vaters und des Sohnes und des Heiligen Geistes. Amen.
Der lebendige und liebende Mensch ist die Sehnsucht Gottes. Er sei immer mit euch.

Eingangslied

Liebe N. und lieber N., liebe Schwestern und Brüder,
uns ist das nicht fremd: dieses starke Verlangen, diese Sehnsucht nach einem Du, einem liebenden Gegenüber. Ihr beide, liebe N., lieber N., seid euch begegnet und ihr wart euch von Anfang an sympatisch. Ihr habt nach und nach immer mehr miteinander unternommen, habt euch schätzen und lieben gelernt. Und irgendwann war es so, als sei euch ein Licht aufgegangen. Es war und ist, als ob der jeweils Andere immer mehr selbst zu einem Licht geworden ist; ein Licht, das hoffen lässt, das Halt und Orientierung gibt nach all den Enttäuschungen der letzte Jahre.
Der Sänger Ayman umschreibt dieses Gefühl, diesen Zustand, in einem Liebeslied mit folgenden Worten: „Du bist mein Stern, du bist für mich das Licht der Welt, ob nah und fern, ich weiß, dass du immer zu mir hältst."
Licht sein, Licht der Welt sein, wie es da heißt, – das kennen wir doch aus einem ganz anderen Zusammenhang. Jesus von Nazareth hat einmal gesagt – zunächst von sich selbst: „Ich bin das Licht der Welt." Aber später hat er dann selbst ergänzt: „Ihr seid das Licht der Welt!" – Ja, und genau darum geht es: Licht füreinander zu sein, du, N. für N. und Du, N. für N. – Damit euch das gelingt, bitten wir Gott um seinen Segen.

Werden wir einen Moment still und bitten wir Gott, dass wir für die Menschen, die uns am Herzen liegen, die wir schätzen, die wir lieben, dass wir für sie Licht sein können.

Einstimmung

Vom einem Ritter in der Legende, die Selma Lagerlöf erzählt[86], können wir lernen, das Licht, mit dem wir anderen leuchten wollen, zu schützen. Denn Licht ist zart und verletzlich wie eine Kinderseele. Jede Form von Gewalt schadet dem Licht. Darum hatte sich der Ritter entschieden, seine Rüstung abzulegen, und so vollzog sich in ihm eine Wandlung, eine Verwandlung. Der Ritter in der Legende der Selma Lagerlöff schützte am Ende das Licht mit seinem eigenen Körper. Er nahm es auf sich, lächerlich gemacht und ausgelacht zu werden, weil er sich verkehrt herum auf sein Pferd setzte, um so das Licht vor dem Wind zu schützen.
Als er von einem, der ebenfalls ein Licht mit sich trug, gefragt wurde, was er tun müsse, damit sein Licht nicht verlösche, antwortete der Ritter: „Diese kleine Flamme verlangt, dass ihr aufhört, an etwas anderes zu denken. Ihr dürft euch keinen Augenblick sicher fühlen. Aus wie vielen Gefahren ihr auch die Flamme gerettet haben mögt, ihr müsst darauf gefasst sein, dass sie euch im nächsten Augenblick entrissen wird." – Was können wir daraus lernen? – Lasst euch nicht durch die Dunkelheit entmutigen! Schaut auf das Licht, bewahrt es, schützt es! Denn: Es ist besser hier und da ein Licht anzuzünden, als auf die Dunkelheit zu schimpfen.

[86] Vgl. Selma Lagerlöf, Die Lichtflamme, Eine Ostergeschichte, Reclam, 2008

Kyrie

Dass zwei sich herzlich lieben, gibt erst der Welt den Sinn,
macht sie erst rund und richtig bis an die Sterne hin. –
Herr, erbarme dich.

Dass zwei sich herzlich lieben, ist nötiger als Brot,
ist nötiger als Leben und spottet aller Not. –
Christus, erbarme dich.

Dass zwei sich herzlich lieben, ist aller Welt Beginn,
macht sie erst rund und richtig bis an die Sterne hin. –
Herr, erbarme dich.

So lasst uns auf Gott vertrauen und miteinander beten.

Tagesgebet

Guter Gott,
Du liebst das Leben und die Beziehung.
Du bist ja selber eine Gemeinschaft,
die uns Liebe und vollendete Geborgenheit vor Augen hält.
Wir wissen, dass du immer in unserer Mitte bist.
Lass N. und N. erkennen,
dass du der Mittelpunkt auch ihres Lebens
und ihrer Liebe bist,
und schenke ihnen allezeit
das Licht deiner Nähe und Gegenwart.
Darum bitten wir durch Jesus Christus,
unseren Bruder und Herrn.

Lesung

1 Joh 4, 7-12

Antwortgesang

Evangelium

Mt 5, 1-9

Direkt im Anschluss an das Evangelium ergänzt der Zelebrant

Und so würde Jesus vielleicht heute sagen:
Selig, die aufmerksam sind und dem anderen zuhören;
sie werden immer mehr zueinander gehören.
Selig, die eigene Schwächen akzeptieren
und die des anderen zu verstehen suchen;
sie werden Angst abbauen und Vertrauen gewinnen.
Selig, die über sich selbst lachen können;
sie werden frei und gelöst mit anderen leben.
Selig, die sich immer mehr einfühlen in den anderen;
ihre Liebe geht unter die Haut.
Selig, die sich öffnen für die Eigenarten des anderen;
sie werden überrascht eine neue Welt wahrnehmen.
Selig, die sich trotz aller Enttäuschungen treu bleiben;
Gott hält zu ihnen und schaut sie freundlich an.
Selig, die sich mit all ihren Sinnen liebkosen;
im Reigen der Sinne ist Gott mit im Spiel.
Selig, die sich hingeben,
um den Partner glücklich zu machen;
sie werden dankbar seine Liebe spüren.
Gott liebt die Zärtlichen.
Er nimmt sie in Schutz wie ein guter Freund.[87]

---

[87] Der Text ist entnommen aus: http://doczz.net/doc/5911842/texte-zu-trauung-und-ehe

Predigt

Liebe N. und lieber N., liebe Schwestern und Brüder,
wie kann sich die Sehnsucht nach Liebe erfüllen, wie kann diese Grundsehnsucht gestillt werden? Diese Frage möchte ich anlässlich eurer heutigen Segensfeier zu beantworten versuchen.

Obwohl sich ja vieles ändert – eines bleibt wohl bei allen Menschen immer gleich: die Sehnsucht. Die Sehnsucht geliebt zu werden und lieben zu können; die Sehnsucht anerkannt und wertgeschätzt zu werden; die Sehnsucht nicht allein zu sein mit den Schrecken dieser Welt und den eigenen Sorgen und Nöten. Dieses Sehnen ändert sich wohl nie.

Jedes kleine Kind hofft darauf, dass es seine Eltern einfach nur lieb haben, auch wenn es mal nicht brav ist, wie man so sagt; auch wenn es vielleicht ganz anders ist als die anderen Kinder – anders in der Hautfarbe, anders in der Sprache oder in der Kleidung. Die Sehnsucht ist immer gleich und uralt: Die Großen sollen das Kleine möglichst lieb haben, es nicht auslachen und nicht übersehen. Und Erwachsene hoffen darauf, dass es ein paar andere Menschen in ihrer Nähe gibt, die sie einfach so schätzen, wie sie sind. Auch wenn sie weniger leisten als andere; auch wenn sie vielleicht keine Arbeit finden. Erwachsene sehnen sich wie Kinder danach, dass sie angenommen und wertgeschätzt werden, dass sie geborgen und gut aufgehoben sind, wenn Körper oder Seele schmerzen.

Und ältere Menschen tun das natürlich auch. Sie können vielleicht nicht mehr so mithalten mit der schnellen Welt. Vielleicht sind sie vergesslich geworden oder sie sind pflegebedürftig. Das ist für viele unangenehm und nagt am Selbstwertgefühl. Darum ist die Sehnsucht im Herbst des Lebens besonders groß. Da ist der Wunsch, dass die jüngeren Menschen in der eigenen Umgebung mal hinwegsehen über das, was den Alten nicht mehr so gelingt. Sie wollen einfach angenommen und anerkannt werden, so wie sie sind oder geworden sind: mit ihrer Lebensleistung, mit ihrer Erfahrung, trotz mancher Fehler in der Vergangenheit. Ältere wünschen

sich, dass ihnen einfach zugehört wird, auch wenn sich die Worte und Geschichten vielleicht wiederholen.
Die Sehnsucht bleibt in uns fast alle Tage unseres Lebens: Die Sehnsucht, lieben zu können und geliebt zu werden; anerkannt zu werden als wertvoller Mensch und eigene Persönlichkeit; die Sehnsucht, wahrgenommen und gehört zu werden.
Davon erzählt eine wunderschöne, aber auch wehmütige Geschichte der Amerikanerin Patricia Highsmith (1921-1995): Eine Frau geht jeden Tag auf dem Heimweg noch durch den Park. Dort sitzt sie gern eine Weile und strickt, oder schaut ihrem Kind beim Spielen zu. Der kleine Junge freundet sich schnell mit einem anderen Jungen an, beide spielen oft gemeinsam. Die Mutter bleibt auf der Bank sitzen und beobachtet die Mutter des anderen Kindes. Da sieht sie etwas, was sie zutiefst verstört. Die andere Frau empfängt fast täglich ihren Liebhaber im Park. Für ein oder zwei Stunden sitzen die beiden dann zusammen und turteln oder machen gemeinsam Pläne für die Zukunft oder sie schweigen einfach.
Ist das denn okay?, fragt sich die Frau immer wieder. In den Tagen darauf wird sie immer nervöser, wenn sie dieses glückliche Liebespaar sieht. Und als ihr dann noch ein Missgeschick passiert und sie vor den Augen des glücklichen Paares das Eis ihres Kindes in den Sand fallen lässt, beschließt sie, nicht mehr in diesen Park zu gehen.
Ganz tief in sich hat diese Frau nämlich ihre eigene Sehnsucht gespürt und erkannt; eine Sehnsucht, die sie sich selbst nicht erfüllen kann. Sie hat die Liebe und das Glück der anderen gesehen. Sie hat erkannt, dass Liebe „die stille Mitte dieser Welt“ ist. Auch wenn diese Liebe in ihren Augen vielleicht ein wenig anstößig oder unanständig ist. Die Frau erkennt, was sie selbst vermisst und was sie sich selber nicht traut. Dafür rümpft sie ihre Nase. Die Liebe ist die stille Mitte dieser Welt. Die Liebe schenkt eine innere Ruhe, die bewahrt und beschützt. Liebe, auch anstößige oder unanständige – wie wir manchmal sagen – lässt uns erleben, was wir alle so sehr ersehnen: Ich bin erkannt, anerkannt und

gut aufgehoben bei einem anderen; ich bin in guten Händen, mir kann nichts geschehen.
Liebe N., lieber N., liebe Schwestern und Brüder, damit bin ich wieder bei meiner und unserer Sehnsucht. Wie können wir diese Sehnsucht stillen, jedenfalls ein bisschen? Wie können wir als Erwachsene oder auch ältere Menschen Liebe geben und erleben?
Darauf möchte ich zwei Antworten versuchen. Vorher aber muss ich noch sagen: Wir sollten so ehrlich sein, uns diese Sehnsucht auch einzugestehen. Der Wunsch, anerkannt zu werden, lieben zu können und geliebt zu werden, bleibt in jedem Menschen – fürs ganze Leben. Dieser Wunsch verschwindet nicht einfach mit dem Älterwerden. Was bleibt, ist die Sehnsucht. Sie ist schön. Und die Suche nach dem, wonach ich mich sehne, ist wichtig. Und wo finde ich nun, was ich suche?
Ein erster Antwortversuch: Im Tempel von Jerusalem hat vor langer Zeit einer gestanden, die Hände weit ausgestreckt und voller Überzeugung diese Worte gesprochen, die sich im Psalm 139 wiederfinden: „Herr, du hast mich erforscht und du kennst mich. Von allen Seiten umgibst du mich und legst deine Hand auf mich. Von fern erkennst du meine Gedanken." – Und dann ruft dieser Mensch noch, mitten in seinem Erstaunen: „Ich danke dir, Gott, dass du mich so wunderbar gestaltet hast; ich weiß, staunenswert sind deine Werke."
Dieses Gebet ist ein Gebet der Sehnsucht und des Dankes. Hier fühlt sich ein Mensch einfach gut aufgehoben – ganz in der Nähe Gottes. Hier freut sich einer und bekennt aus tiefstem Herzen, dass Gott ihn annimmt und anerkennt. Der große Gott beschäftigt sich mit dem kleinen Menschen. Der Schriftsteller Julien Green hat es einmal so formuliert: „Du kannst dir gar nicht vorstellen, in welchem Maß du Gott interessierst; du interessierst ihn, als wärst du allein auf der Welt." – Zu allen Zeiten haben Menschen das erlebt und davon gesprochen: Gott interessiert sich für mich; bei ihm bin ich gut aufgehoben. Bei ihm kann ich Schmerz und Not loswerden im Gebet. Und das ist eine nicht zu unterschätzende Hilfe für viele. Menschen wenden sich an Gott, weil sie sich von ihm wertgeschätzt und anerkannt wissen.

Eine zweite Antwort möchte ich geben. Auf die Frage, wie meine Sehnsucht nach Liebe und Geliebtwerden gestillt werden kann, lautet meine Antwort: Bitte warte nicht darauf, bis einer zu dir kommt. Bitte warte nicht darauf, dass Menschen dich aufsuchen und dir Wert und Beachtung schenken. Mach dich selber auf, gehe auf Menschen zu und zeige ihnen, dass du sie beachtest und wertschätzt.
Das ist der Königsweg, könnte man sagen. Nicht warten, sondern selbst losgehen und den Anfang, den Aufbruch wagen. Sag denen, mit denen du zusammen lebst und arbeitest, dass du sie schätzt und brauchst! Nimm dir die Zeit, anderen zuzuhören; das ist oft hilfreicher als selber zu reden.
Und andererseits: Vermeide möglichst harte oder bittere Worte. Mach einfach nicht mit, wenn gelästert oder jemand verspottet wird. Da kann Schweigen sogar Gold sein. Traue nicht dem ersten Blick; schaue ruhig zwei- oder dreimal hin, dann sieht manches anders aus als zu Beginn. Versuche, Schuld und Fehler anderer nicht immer wieder aufzurechnen. Es kann dem Frieden dienen, auf das eigene Recht auch einmal zu verzichten. Und schließlich: Überlasse die vielen Wunden und Verletzungen dieser Welt nicht sich selber. Bitte Gott, dass er das Seine tut – denn viele Menschen hoffen auf dein Mitleiden im Gebet.
Liebe N., lieber N., liebe Schwestern und Brüder, Liebe ist die stille Mitte dieser Welt; Liebe ist die Grundsehnsucht unseres Lebens und der ganzen Schöpfung. Und Liebe ist der Ort, an dem mancher Sturm vorbei zieht; der Ort, an dem Stürme nichts oder nur wenig ausrichten können. Darum sehnen wir uns so danach, geliebt zu werden und zu lieben. Darum sehnen wir uns nach Wertschätzung und Anerkennung. Weil wir einfach geborgen sein wollen; weil wir gut aufgehoben sein wollen – in den guten und in den bösen Tagen des Lebens; auch am letzten Tag des Lebens, wenn Gott selbst uns zu sich holt, hinein in die Fülle des Lebens und der Liebe.
Bis dahin strecken wir uns aus – unsere Hände und unsere Herzen – und suchen immer wieder den Ort, an dem wir geschätzt und anerkannt sind, wertvoll und geliebt. Einer dieser Orte ist da, wo wir still werden, wo wir Gott suchen

im Gebet. Ein anderer Ort ist da, wo wir mitfühlen, wo wir mitleiden mit anderen. Wer anderen die Sehnsucht erfüllt, wird selbst froh dabei.
Liebe N. und lieber N., dass euch das in eurem gemeinsamen Leben gelingen möge, einerseits Liebe zu empfangen, sich auch von Gott geliebt zu wissen und andererseits Liebe zu schenken, darum wollen wir jetzt mit euch und für euch bitten. – Amen.

Stille

Segensgebet: Das Paar kommt nach vorne und der Zelebrant streckt seine Arme über beide aus.

N. und N., es segne euch der gütige und treue Gott.
Er vereine eure Herzen durch das Band der Liebe.
Er schenke euch ein versöhntes Herz,
wenn ihr an die Vergangenheit denkt.
Er gebe euch die nötige Kraft,
um die Aufgaben der Gegenwart zu bewältigen.
Er möge euch mit Hoffnung erfüllen,
damit ihr vertrauensvoll in die Zukunft gehen könnt.
Begleiten mögen euch gute Freunde,
die mit euch alles teilen, Freude und Leid.
Und wer in Schwierigkeiten ist,
der soll bei euch Hilfe und Unterstützung finden.
Der Segen, den Gott versprochen hat,
er soll überreich bei euch einkehren.
Gott segne alles, was ihr sagt, was ihr tut und wirkt,
all euer Mühen und Arbeiten.
Er möge alle Sorge von euch wegnehmen.
Er schenke euch ein langes Leben und ewige Freude
in seinem Reich.
Das gewähre euch der dreieinige Gott,
+ der Vater und der Sohn und der Heilige Geist. Amen.

Lied oder Gesang

Fürbitten

Wir haben Gott beobachtet, wie er den Menschen findet. Bei den vielfältigen und großen Aufgaben, die er ihm anvertraut. Aber auch in seiner Einsamkeit und Verschlossenheit. Aus einem Menschen macht er zwei. Und aus zwei Menschen einen. Staunend entdecken wir die Liebe. Wir beten:

Für die Menschen, die Schmetterlinge im Bauch haben, die sich verliebten, die sich ein Leben ohne einander nicht mehr vorstellen können. Bewahre ihre Entdeckungen und die hochgespannten Erwartungen. – Herr, lass uns in der Liebe wachsen!

A.: Wir bitten dich, erhöre uns.

Für die Menschen, die eine Familie gegründet haben, sich über Kinder freuen und so viele Dinge unter einen Hut bekommen müssen. Schenke ihnen Freude und immer einen guten Schlaf. – Herr, lass uns in der Liebe wachsen!

Für die Menschen, die sich auseinander gelebt haben, die keine Worte mehr füreinander finden und sich in Vorwürfen verstricken. Hilf ihnen, dass keiner den anderen fallen lässt. – Herr, lass uns in der Liebe wachsen!

Für die Menschen, die keinen Partner oder keine Partnerin finden, die sich zurückziehen, die die Liebe fürchten, die Angst vor Enttäuschungen haben. Sei ihnen nahe, dass sie nicht unglücklich werden. – Herr, lass uns in der Liebe wachsen!

Für die Menschen, die gemeinsam alt werden, die sich die Neugier füreinander bewahrt haben und auch im Angesicht des Todes von ihrem Leben schwärmen. Trage sie, wenn sie keinen festen Halt mehr haben. – Herr, lass uns in der Liebe wachsen!

Gott, wir danken dir für alle Beziehungen, die gelingen; für die Menschen, die glücklich sind. Für alle, die sich schwer tun miteinander, bitten wir um deine Hilfe. Für alle Paare, die keinen Ausweg mehr sehen, die sich trennen wollen und auseinandergehen, bitten wir um Trost und Vergebung. Deine Liebe ist unendlich groß und weit; deine Barmherzigkeit kommt an kein Ende. Dafür danken wir dir. Sei gepriesen heute, morgen und in Ewigkeit. – Amen.

Zum Vaterunser

Mit den Bitten des Vaterunsers sprechen wir unser Vertrauen aus, dass Gott uns und alle Menschen zur Liebe befähigt, damit sein Reich unter uns Wirklichkeit werden kann. Darum lasst uns beten: Vater unser ...

Lied

Gebet

Gott,
ermuntert durch dein Wort
und gestärkt durch das Geschenk deines Segens
begeben sich N. und N. nun wieder
auf die Wege ihres Lebens.
Begleite du mit deinem Segen jeden ihrer Schritte.
Öffne ihre, aber auch unsere Augen
für die Not des Nächsten
und gib uns allen die Kraft,
die Liebe, die du in unser Herz gelegt hast,
weiterzuschenken.
Du selbst, Gott, möchtest in N. und N. lebendig werden,
in uns allen.
Durch uns soll mehr Friede, mehr Freundschaft,
mehr Freude in die Welt kommen.
Darum bitten wir durch Christus,
unseren Bruder und Herrn.

Segen[88]

Keinen Tag soll es geben, da ihr sagen müsst:
Niemand ist da, der uns hört.
Keinen Tag soll es geben, da ihr sagen müsst:
Niemand ist da, der uns schützt.
Keinen Tag soll es geben, da ihr sagen müsst:
Niemand ist da, der uns hilft.
Keinen Punkt soll es geben, da ihr sagen müsst:
Wir halten es nicht mehr aus.
Was ihr einander Gutes tut, verliere nie seinen Wert,
und was ihr gemeinsam für andere bedeutet,
gerate nie in Vergessenheit.
Eure Pläne sollen niemandem Unheil bringen.

---

[88] Der Segen ist in Auszügen entnommen aus: https://www.musikmitherz.at/artino/trauung-hochzeit/texte-trauung/segen-texte-trauung/segen-fuer-brautpaar-segen-texte-trauung/

Was eure geheimste Sehnsucht ist,
das werde euch spürbar geschenkt.
Dann wird eure Ehe für viele ein Zeichen der Hoffnung sein,
ein Ort, an dem Gottes Liebe sichtbar und greifbar wird.
Ich weiß: Dieser Weg ist nicht leicht,
aber ihr könnt ihn gehen,
wenn ihr einander ertragt
und wenn ihr euch selbst nicht so wichtig nehmt.
Ihr sollt wissen:
Sein ist mehr als Haben,
und Liebe ist mehr als Habenwollen.
Für jeden Tag soll euch Liebe und Phantasie geschenkt sein,
und die Menschen,
die euch heute Glück auf eurem Weg wünschen,
sie seien euch ein Zeichen dafür,
dass auch euer Gott euch nicht alleine lässt.

So segne euch der gütige und menschenfreundliche Gott,
der euch treu sein wird,
+ der Vater und der Sohn und der Heilige Geist. Amen.

Schlusslied

Auszug: Orgelspiel

Über die Verantwortung des Segnenden

Zum Schluss ist mir ein Gedanke noch wichtig. Ich habe in der Einleitung ausgeführt, dass die Hoheit über den Segen immer Gott hat. Wir, die Priester und alle, die andere segnen, haben es letztlich nicht in der Hand, ob der Segen wirkt oder zum Fluch wird. Und doch meine ich, dass es auch in der Verantwortung des Segnenden liegt, demjenigen, der gesegnet wird, zu helfen, den Segen Gottes in seinem Leben wirksam werden zu lassen, ihn zur vollen Blüte zu führen und zur Entfaltung kommen zu lassen. Im Matthäus-Evangelium lesen wir:

„Wenn ihr in eine Stadt oder in ein Dorf kommt, dann wünscht ihm Frieden. Wenn das Haus es wert ist, soll der Friede, den ihr ihm wünscht, bei ihm einkehren. Ist das Haus es aber nicht wert, dann soll der Friede zu euch zurückkehren. Wenn man euch aber in einem Haus oder in einer Stadt nicht aufnimmt und eure Worte nicht hören will, dann geht weg, und schüttelt den Staub von euren Füßen. Amen, das sage ich euch: Dem Gebiet von Sodom und Gomorra wird es am Tag des Gerichts nicht so schlimm ergehen wie dieser Stadt."[89]

Was Jesus da sagt, ist – meine ich – deutlich genug. Mit den Boten des Evangeliums geht Frieden und der Segen Gottes durch diese Welt. Und wer mit den Boten auch die Botschaft aufnimmt, wer anderen Menschen am Segen Gottes Anteil gewährt, wer ihnen Heil und Heilung zugesteht, der wird dadurch selbst des Friedens und des Segens teilhaftig. Wer aber die Boten zurückweist und den Segen verweigert, der wahrt nicht etwa Neutralität, sondern zieht den Fluch auf sich, und zwar deshalb, weil es zwischen Segen und Fluch keine neutrale Zone gibt. Menschen sehnen sich danach, von Gott gesegnet zu werden, weil sie ihn brauchen, weil sie ihn so bitter nötig haben – den Segen und damit Gott selbst. Wer also diesen Menschen das „Mit-Sein" Gottes, sein Mitgehen verweigert und damit gleichzeitig die Botschaft vom unendlich liebenden Gott ad absurdum führt, der bleibt selbst ohne Gott. In jedem Fall aber ist es der Auftrag der Boten, den Segen anzubieten.

[89] Mt 10, 11-15 (Einheitsübersetzung)

Dank und Weiterführung

Zunächst möchte ich Claudia Auffenberg, Gisela Appelbaum und Theresa Thunig vom Lektorat des Verlags herzlichst danken für ihre Hinweise, ihre Geduld und ihre tatkräftige Unterstützung.

Im Internet lassen sich eine Vielzahl von Inspirationen zum Thema „Segen" und „Segensfeier" finden, von denen auch ich profitieren konnte. Wer auf der Suche nach weiterführenden Texten ist, wird hier sicherlich fündig werden:

https://www.feg-dornbirn.at/fileadmin/user_upload/dornbirn/Predigten_Manuskript/20170806_skript.pdf

https://bibelbund.de/2015/02/biblisches-segnen-teil-i-das-wesen-biblischen-segnens/

http://www.glaubensfragen.org/images/pdf/kindersegnung_marlonheins.pdf

https://www.elk-wue.de/fileadmin/Downloads/Glauben/Feiern/Segnen_-_Eine_Arbeitshilfe.pdf

https://www.theologie.uzh.ch/static/wp/ (Archiv für Göttinger Predigten der Universität Zürich)

http://kathpedia.com/index.php?title=Segen

https://pastoral.bistumlimburg.de/beitrag/pro-und-kontra-segensfeiern-1/

http://www.freckenhorster-kreis.de/pdf/Segnungstexte.pdf

https://www.huk.org/themen/segnung-trauung/101-entwurf-aus-der-regionalgruppe-muenchen

https://www.pastors-home.de/?p=951

https://kg-lauterbach.jimdofree.com/geistliches/andachten/andacht-2016-m%C3%A4rz/

http://www.karl-sendker.de/7__ostersonntag_b.htm

http://www.thpq.at/1994/quartal_04/373-376%20 Gottesdienstentwurf%20(ThPQ%204_1994)o.pdf

http://www.kirchlichheiraten.at/uploads/tx_na15docviewer/D_10_ Besinnung.doc

https://www.predigtforum.com/fileadmin/_migrated/content_uploads/ b28_2003_Liturgie_Lorenz_Voith.rtf

http://www.glaubensfragen.org/images/pdf/kindersegnung_ marlonheins.pdf

https://doczz.net/doc/5734047/entwurf---evangelische-kirche-von-kurhessen

http://doczz.net/doc/5911842/texte-zu-trauung-und-ehe

http://doczz.net/doc/5908848/cover-usp-trauung-2013_6seit.indd

https://doczz.net/doc/5946734/hinweise-zu-dankgebet-und-segensfeier-anl%C3%A4sslich-einer-er

http://doczz.com.br/doc/1212232/deutsch

https://docplayer.org/21290516-Die-kirchliche-trauung-gestaltungsvorschlaege.html

https://uwerosenkranz.net/?p=2500

https://www.musikmitherz.at/artino/trauung-hochzeit/texte-trauung/ segen-texte-trauung/segen-fuer-brautpaar-segen-texte-trauung/

http://karl-leisner-jugend.de/predigt/predigt_c_19.htm